Ernst Curtius

Über Wappengebrauch und Wappenstil im griechischen Altertum

Ernst Curtius

Über Wappengebrauch und Wappenstil im griechischen Altertum

ISBN/EAN: 9783743494060

Hergestellt in Europa, USA, Kanada, Australien, Japan

Cover: Foto ©ninafisch / pixelio.de

Weitere Bücher finden Sie auf **www.hansebooks.com**

Ueber

Wappengebrauch und Wappenstil

im griechischen Alterthum

von

E. Curtius.

Aus den Abhandlungen der Königl. Akademie der Wissenschaften zu Berlin 1874.

Mit einer Tafel.

Berlin.

Buchdruckerei der Königl. Akademie der Wissenschaften (G. Vogt).

Universitäts-Strasse No. 8.

1874.

In Commission bei F. Dümmler's Verlags-Buchhandlung

(Harrwitz und Gossmann).

Gelesen in der Akademie der Wissenschaften am 9. Juli 1874.

Die Seitenzahl bezeichnet die laufende Pagina des Jahrgangs 1874 in den Abhandlungen der philosophisch-historischen Klasse der Königl. Akademie der Wissenschaften.

Von Babel und Assur sind nicht nur Mafs und Gewicht so wie Erfindungen und Kunstweisen mannigfaltiger Art den westlichen Ländern mitgetheilt worden, sondern auch gewisse Formen der Darstellung oder Kunsttypen.

Nachdem einzelne Darstellungen, wie z. B. der Stier mit dem bärtigen Menschenkopf, lange Zeit unter den klassischen Kunstformen den Eindruck des Fremdartigen gemacht hatten, ohne dafs man sich die Entstehung und Herkunft derselben klar machen konnte, war man überrascht, dieselbe Gestalt, welche am Acheloos, in Sicilien und Grofsgriechenland als Münztypus bekannt war, an den Kolossen der Portale von Tschilminar wiederzufinden [1]).

Diese Entdeckung machte man, als man zum ersten Male mit den Königsstädten des Orients bekannt wurde. Seitdem ist die Anzahl der im Orient auftauchenden Vorbilder griechischer und italischer Kunst immer gröfser geworden; in den letzten Decennien hat man angefangen, auch die Uebergangsländer kennen zu lernen, durch welche sich die Typen des Orients nach Westen verbreitet haben und wo dieselben tiefer eingewurzelt und reicher bezeugt sind als auf griechischem Boden. In Folge dessen

---

[1]) Vergl. Streber Ueber den Stier mit dem Menschengesicht in den Abhandl. der K. Bayer. Akad. der Wiss. 1836 S. 454.

1 *

müssen mancherlei Werke, welche für Anfänge europäischer Plastik galten, als Ausläufer der orientalischen angesehen werden, und es ist für die Culturgeschichte des Alterthums eine wichtige Aufgabe, der Uebertragung asiatischer Kunsttypen näher nachzuforschen und zu erkennen, wie die klassische Kunst dieselbe übernommen hat und erst allmählich eine selbständige und nationale geworden ist. Es ist ein ähnlicher Vorgang wie der, durch welchen die Kunst der Italiener aus der byzantinischen erwachsen ist, indem sich aus dem Typenvorrathe einer abgelebten Kunst neue Lebenskeime entwickelt haben.

Die Kunstformen Asiens haben sich auf zwiefachem Wege nach Westen verbreitet.

Einmal auf dem Landwege durch Kleinasien, welches Jahrhunderte lang unter dem Einflusse Assyriens gestanden hat. In den namenlosen Ruinen der alten Städte Kappadociens und Phrygiens, welche durch Steuart, Hamilton, Texier, Barth und namentlich durch Perrot näher bekannt geworden sind, erkennen wir dieselben Grundformen der Baukunst und Bildnerei, wie in Ninive, die entsprechende Einrichtung grossartiger Palastbauten und weitläuftiger Terrassen, denselben Putzstil, welcher sich in den mit Ornamenten überzogenen Felswänden zeigt, dieselben Thierbilder (Löwe, Stier, Antilope) und dieselben Mischgestalten und Gruppen von Thieren. Daneben besteht unverkennbar eine gewisse Selbständigkeit kleinasiatischer Kunst, die wir bei der langsam fortschreitenden Kenntniss des kleinasiatischen Binnenlandes sehr allmählich kennen zu lernen anfangen, namentlich auf dem Boden Phrygiens; sie ist in dem harten Felsgesteine begründet, das man hier im Gegensatze zu dem Alabastersteine des untern Tigristhals zu verarbeiten hatte und das eine wirksame Schule des ausdauernden Fleisses war, und zweitens in dem Charakter des phrygischen Volks, welches, den Griechen verwandt, auch in seinem Sinne für das Solide und Monumentale von der assyrischen Kunst zur klassischen einen Uebergang bildet.

Vom continentalen Zusammenhange der Länder und Völker unabhängig waren die Einwirkungen orientalischer Kunst, welche sich an Erzeugnisse der Kleinkunst und der Kunstindustrie anschlossen, und da waren es vorzugsweise zwei Gattungen, die ihrer Beschaffenheit nach zu weiterer Verbreitung besonders geeignet waren, die gewebten Zeuge und die ge-

schnittenen Steine. Sie haben deshalb ganz besonders als Vorbilder gedient und die beiden Stilarten, welche am meisten Nachahmung im Occi-
dent hervorgerufen haben, sind die der Teppichmuster und der Siegel-
wappen.

Beide haben unverkennbar einen gemeinsamen Charakter. Beide
bewegen sich mit Vorliebe in der Darstellung von Thiergestalten, und
schon das Wort ζωγραφία kann als Beweis dienen, dafs es eine Zeit gab,
in welcher auch die hellenische Kunst vorzugsweise Thierdarstellung war.
Alle Zweige der klassischen Kunst haben eine solche Zeit durchgemacht,
und namentlich kann man die Münzen der griechischen Städte danach
unterscheiden, ob sie bis in die Thierperiode hinaufreichen, und wenn
sie eine solche gehabt haben, ob sie darin geblieben sind oder ob sie
dieselbe überwunden haben, die einen vollständig, die anderen so, dafs
immer ein Ueberrest derselben zurückgeblieben ist.

Von den gemeinsamen Gegenständen der Darstellung und ihren
conventionellen Formen abgesehen haben beide Stilarten einen verschiedenen Charakter. Die gewebten Muster sind bestimmt gröfsere Flächen
zu bedecken. Sie gehen in die Breite und bilden Reihen von Thiergestalten, indem entweder dieselben Elemente wiederkehren oder in bunter
Mannigfaltigkeit abwechseln. Auf dem Siegel ist die Darstellung in das
Enge zusammengezogen; sie ist gleichsam ein plastisches Epigramm, denn
der Zwang des Raums[1]) erheischt strenge Zeichnung und fest umgränz-
ten Abschlufs der Formen. Darum fehlen die auf Teppichmustern üblichen
Fisch- und Schlangenleiber; der Wappenstil liebt massige Körper, keine
hochbeinigen Vögel, keine langgestreckten Gestalten; der Teppichstil um-
gekehrt: hier werden die leeren Plätze durch Ornamente ausgefüllt, die
der Wappenstil nicht gebrauchen kann.

Eine Mittelstellung nehmen die Cylinder ein, deren Figuren bestimmt sind in Thon abgerollt zu werden. Sie haben reihenartige Darstellungen, wie die Teppiche, aber auch geschlossene, concentrirte, wappen-
bildartige Gruppen, wie die Siegelsteine. Auch auf ringförmigen Compositionen, wie an den Silberschalen von Kition[2]), und in friesartigen Säu-

---

[1]) σφραγῖδες ἔρκος Soph. Trach. 615.
[2]) Longpérier Masée Napoléon III pl. X. XI.

men finden wir beide Stile combinirt, indem längere Figurenreihen von paarweise einander gegenübergestellten Figuren unterbrochen werden; in der Regel wird man aber schon bei den einzelnen Figuren, je nachdem die Umrisse gestreckt und aus einander gehend oder knapp bemessen und zusammengehalten sind, erkennen, welcher von beiden Stilarten sie angehören[1]).

Die erstere der beiden Stilarten ist auf den bemalten Thongefäßen in einer Fülle von Denkmälern vertreten, und es läßt sich an denselben nachweisen, wie die Thierreihen auf ihnen erst unbedingt herrschen, dann den menschlichen Gestalten einen bescheidenen Platz einräumen, später von diesen verdrängt, auf Nebenorte zurückgeschoben und am Ende ganz beseitigt werden.

Die andere Stilart hat eine viel umfassendere Verbreitung gefunden. Sie ist von den Babyloniern zu den Assyriern, von diesen zu den Persern gekommen; sie hat sich als monumentaler Wappenstil bei den kleinasiatischen Völkern ausgebildet. Sie ist auf Siegelsteinen mit aramäischer, phönikischer und althebräischer Schrift bezeugt[2]). Sie ist in Siegel- und Stempelschnitt wie im Goldrelief zur Herstellung von Schmuck und Amulets bei Etruskern, Griechen und Römern einheimisch geworden und hat sich, ähnlich wie die Nonnen für Maſs und Gewicht, durch das Mittelalter bis in unsere Tage fortgepflanzt. Als Hamilton 1835 des kappadokischen Doppeladlers ansichtig wurde, glaubte er, daſs derselbe in neuerer Zeit ausgehauen worden sei. Bei den Löwenbildern in Thasos hat man ähnliche Zweifel gehabt, und diese Zweifel können gerechtfertigt sein, weil sich dieselben Typen durch alle Jahrhunderte erhalten haben, und je mehr wir die Macht eines in festen Formen ausgeprägten Stils erkennen, unter dessen Einfluſs die Anfänge europäischer Bildnerei stehen, je mehr sich eine aus Mesopotamien stammende, durch Morgen- und Abendland gehende Tradition erkennen läſst, um so mehr wird es sich lohnen, derselben etwas genauer nachzugehen. Indem ich dazu einen Beitrag zu geben versuche, spreche ich zuerst vom Wappengebrauch im

---

[1]) Z. B. die langgestreckten, mit niedergebogenem Kopf vorschreitenden Hirsche auf gestanzten Goldplatten aus Athen im Antiquarium des K. Museums.

[2]) Vogüé H. Arch. 1868. Juin. Levy Siegel und Gemmen 1868.

Alterthum, um an einigen Beispielen zu zeigen, wie weit sich derselbe aufserhalb des numismatischen Gebiets erkennen läfst, und will dann nachzuweisen suchen, wie sich mit dem Wappengebrauche ein eigenthümlicher Stil künstlerischer Darstellung bei den Alten entwickelt hat.

Der Gebrauch bildlicher Zeichen, um die Beziehung eines Gegenstandes zu seinem Besitzer urkundlich anzugeben, hängt mit dem Gebrauch der Siegel eng zusammen, wenn auch nicht behauptet werden kann, dafs jedes Petschaft ein Wappenbild enthalten habe. Der Siegelgebrauch war aber bei den Griechen ein ungemein verbreiteter, und es ist allgemein bekannt, dafs im täglichen Leben viel mehr unter Siegel gelegt wurde als bei uns. Das σημεῖον war nur die gründlichere Art des ἀποκλείειν, und man erkannte ein gut besorgtes Hauswesen daran, dafs Alles wohl versiegelt war. Das Siegel hatte die Bedeutung eines Schlüssels, der Siegelabdruck war wie ein Nachschlüssel. Daher die Vorsicht der solonischen Gesetzgebung in Betreff der bei dem Petschaftstecher zurückbleibenden Abdrücke. In gröfseren Haushaltungen war es an Stelle der Hausfrau der Erste, der Dienerschaft, welchem der Hausherr sein Siegel, gleichsam den Hauptschlüssel, anvertraute[1]).

Der Siegelgebrauch war so alt und so allgemein, dafs man ihn nicht wie den Schildwappengebrauch von anderen Völkern herleitete. Er ist schon mit der Volkssage verwachsen, wie die Ueberlieferung von den Ringen der Helena, des Phokos, Minos, Odysseus, Orestes beweist. Dennoch sind diese Erwähnungen der eigentlichen Volkssage fremd und es knüpft sich allerlei nicht volksthümliche Mystik daran. Ich erinnere nur an den Ring des Gyges bei Plato, an den Orakelring des Eukrates (Lukian Philops. 38), an das Loosen mit Ringen. Das Ausländische der Erfindung wird auch dadurch angedeutet, dafs man Herakles als den erfindenden und einführenden Heros in Lakonien nannte, und dieser mythische Ausdruck für den Zusammenhang mit dem Orient erhält dadurch seine Bestätigung, dafs bei den Morgenländern seit ältester Zeit der Siegelring als theuerstes Besitzthum angeführt wird und dafs bei den Babyloniern der Gebrauch des Siegels ein so allgemeiner war, wie ihn die Hellenen nicht kannten. Denn dort führte, wie Herodot als eine

---

[1]) Aesch. Agam. 603. Clemens Protr. III p. 11.

Merkwürdigkeit meldet, nicht nur der Mann von Stande und der Geschäftsmann, sondern jeder Einwohner sein Petschaft bei sich [1]). Die Beziehungen, welche durch Petschaft oder Stempel ausgedrückt werden, sind entweder religiöser oder staatlicher oder privater und persönlicher Art.

Gegenstände, die zum Tempelbesitze gehören, werden durch das Wappen der Tempelgottheit als ihr Eigenthum bezeichnet. So tragen die im Pythion zu Knidos gefundenen Schalen das Symbol der Leier [2]), ebenso wie die Felswände an der Gränze des Territoriums von Delphi das eingemeißelte Zeichen des Dreifußes gleichsam als Hausmarke trugen [3]). Unter den Henkeln des großen Steingefäßes aus Amathus, das zur Zeit im Louvre ist, sind die Stierbilder, welche sich in ganz übereinstimmender Form auf den Münzen in Kypros finden, als Zeichen der Gottheit aufzufassen, welcher das Tempelgeräth geweiht war [4]). Unter den Henkeln brachte man bei Trinkgefäßen gern die charakteristischen Kennzeichen an [5]). Lampen waren durch einen Eselskopf als der Vesta heilig gekennzeichnet [6]). Göttersessel erhalten durch die Zeichen der Eule oder durch Köcher, Bogen und Schlange ihre Beziehung auf die Gottheit, der sie angehören, wie man die Fußbänke in Aphroditeheiligthümern durch Schildkrötenform als zum Tempelinventar gehörig kennzeichnete (Athen. 589).

Hier liegt der Ursprung für die symbolische Verzierung der antiken Geräthe und Gefäße. Denn daß diese Zeichen den Charakter des Wappenbildes haben, geht aus ihrer Verwendung bei den Münzen hervor, wo sie, wie anderswo nachgewiesen ist, ebenfalls die Beziehung der Metallstücke zu gewissen Heiligthümern ausdrücken. Die angebrachten Zeichen sind also dem Sinne nach gleich den Genetiven der Götternamen, wie man Διός oder Volcani poculom und Aehnliches an geweihten Gegenständen angeschrieben sieht. An Stelle des Symbols tritt dann wie auf den Münzen der Kopf der Gottheit. So der Kopf des Zeus Ammon auf

[1]) Herodot I, 195. Creuzer, zur Gemmenkunde 1834. S. 3 f.
[2]) Monatsbericht der K. Preuß. Akad. der Wissensch. 1869 S. 466.
[3]) Τρίπους ἐγχαράξαντες: Wescher, Monument bilingue de Delphes p. 85.
[4]) Longpérier, Musée Napoléon III pl. XXXIII.
[5]) Wahrzeichen unter den Henkeln Ilias XI 634.
[6]) Hirt, Bilderbuch VIII 12. Jordan, Vesta und die Laren S. 14.

derselben Stelle, wo der Stier am Gefäfse von Amathus angebracht ist[1]). Ein weiblicher Kopf findet sich als Wappenzeichen an den (im britischen Museum vorhandenen) Muscheln, die, wie man sagt, aus dem rothen Meere stammen und als Schöpfgeräthe in griechischen Heiligthümern gedient zu haben scheinen. Geräthe mit Götterbildern gezeichnet, kommen in den Tempelinventaren vor[2]), und die am Boden von thönernen wie metallenen Schalen angebrachten Brustbilder haben ursprünglich dieselbe Bedeutung.

Nicht nur Geräthe trugen religiöse Wappenbilder, sondern auch Menschen und Thiere. Aus ägyptischem Brauche wird die Bedeutung des σφραγίζειν hergeleitet, welches ursprünglich den Akt bezeichnet, durch welchen das tadellos gefundene Opferthier mit dem hieratischen Stempel versehen wird, und welches dann von Kirchenschriftstellern gebraucht wird, um das Einsegnen der Geräthe durch das Zeichen des Kreuzes zu bezeichnen[3]).

Die Priester trugen beckenförmige' Schilder (phialae), welche mit dem Wahrzeichen der Gottheit versehen waren, in deren Vollmacht sie handelten. So werden φιάλαι Ηραμίου erwähnt: so finden wir die Diener der ephesischen Gottheit, Cistophoren und Archigallen mit hieratischen Wappenbildern ausgezeichnet, welche den Brustschildern ägyptischer und hebräischer Priester entsprechen[4]). Götterbilder auf gestanzten Goldplättchen wurden umgehängt, wenn sich die Tempeldiener zu heiligem Dienste anschickten. Das Tragen solcher Wahrzeichen bedeutete die völlige Hingabe der Person. Darum trugen auch die im heiligen Kriege für die Rechte des Gottes Kämpfenden an Helm und Schild die göttlichen Insignien, wie die Kreuzfahrer das Kreuz. So beschreibt Statius die für Delphi kämpfenden Heerschaaren, und Lactantius sagt dazu: *ita se devotos Apollini demonstrabant*[5]). Man trug die Zeichen derjenigen, in deren Botmäfsigkeit man stand, wie Diener ihres Herrn Wappen tra-

---

[1]) Ficoroni vasi Antini T. VII.
[2]) Hieber gehören in den Uebergab-Urkunden die Bezeichnungen ἃν ὁ Ζιύς (Böckh Staatsb. II, 267), ἃν ἱ 'Αττίλλαν (S. 285) u. a. Böckh dachte an Ortsbezeichnungen.
[3]) Vgl. Gildemeister, Zeitschr. der D. Morgenl. Ges. XXVII S. 131.
[4]) O. Jahn, Codex Pighianus, Ber. der K. Sächs. Ges. der Wiss. 1868 S. 177.
[5]) Thebais V, 351. Stark, Niobe S. 147.

gen. Satrapen setzten das Wappen ihres Oberherrn auf ihre Münzen und freie Gemeinden erklärten ihre Selbständigkeit für erloschen, indem sie eines auswärtigen Fürsten Wappen als Prägbild einführten, wie es die Athener mit denen des Mithradates thaten.

Plinius berichtet an Trajanus [1]) über einen Fugitivus, der sich durch eine Gemme mit dem Kopfe des Pacorus über sein früheres Dienstverhältnifs zu diesem Fürsten auswies; die zu Octavians Hauswesen gehörigen Personen trugen die Bildnisse von Augustus und Livia an sich wie eine Uniform. Die Eingeweihten in Samothrake erkannten sich an einer besonderen Art von Ringen, und Plinius ereifert sich über die vielen Römer, welche sich durch das Tragen von Harpokrates- und Isisringen als Diener barbarischer Religionen auswiesen [2]).

Wappen bezeichnen an allen Gebäuden die Vorderseite, welche für den Herankommenden auf eine dem Innern entsprechende Weise charakterisirt werden soll. Dazu dienen die rechts und links vor den Heiligthümern aufgestellten Gegenstände, monumentale Fackeln, Candelaber, Phallen [3]), dazu die wappenartig geschmückten Stirnziegel mit dem Gorgoneion u. a., die Akroterien (wie z. B. die Böcke über der Pansgrotte in Thasos), dazu die heiligen Thiere, wie die beiden Adler vor dem Altar des Zeus auf dem Lykeion, die dämonischen Gestalten zu beiden Seiten des Eingangs in assyrischen Palästen wie in etruskischen Gräbern [4]).

Die Thoreingänge wurden vorzugsweise unter göttlichen Schutz gestellt und die darauf bezüglichen wappenartigen Embleme finden wir über oder neben dem Eingange angebracht; ein Gebrauch, welcher sich vom Orient in die europäischen Länder hinüberzieht.

Auf einem bei Tyros erhaltenen Thore findet man das weit verbreitete Symbol des Sonnendiscus und des Halbmondes [5]); in Mylasa waren die Thore der Stadt durch das auf dem Keilstein eingemeifselte karische Münz- und Wappenbild der Doppelaxt unter den Schutz des

---

[1]) Ep. ad Trajanum 74.
[2]) Ibid. Orig. 19, 32. Plin. ed. Sillig V p. 70. (XXXIII, 23).
[3]) C. I. Gr. II p. 180 n. 2158. Bötticher, Bericht S. 228.
[4]) Monum. d. Inst. II, 31.
[5]) Longpérier, Musée Napoléon III pl. XVIII.

Zeus Labrandeus gestellt; an derselben Stelle ist das Ostthor von Poseidonia mit Delphin und Sirene geschmückt. Ueber dem Ostthore von Antiocheia war eine säugende Wölfin dargestellt[1]) und das merkwürdige Marmorrelief im Louvre mit dem stierwürgenden Löwen, dem Prägbilde der akanthischen Didrachmen, ist wahrscheinlich auf ähnliche Weise über einem Stadtthore angebracht gewesen[2]). Die Krönung der Eingänge mit monumentalen Symbolen war etwas so Gewöhnliches, dass sie auf Gräber übertragen wurde. So die liegenden Löwen auf den Gräbern von Lykien und in Kypros, die säugende Kuh über dem Eingange des sogenannten Harpyiendenkmals und die vielen Thiere und Thiergruppen an den Frontseiten phrygischer Felsmonumente.

Auch der Löwe am Eingange der Höhle von Paros scheint nur eine wappenartige Bedeutung gehabt zu haben[3]), denn ebenso verbreitet und alt ist die Aufstellung der Wappenfiguren zur Seite des Eingangs nach Art der Portalkolosse in Assyrien und Persien. So die weiblichen Flügelfiguren und die Doppeladler an den Stadtthoren des nördlichen Kappadociens und an griechischen Stadtthoren das Relief des Herakles, welcher als Thorhüter noch heute am Eingange von Alyzia steht, einer der merkwürdigsten Thorwappensteine des Alterthums. Auch an den Burgmauern wurden Embleme angebracht, wie die Gorgoneia an der Larisa in Argos und an der attischen Akropolis; dahin rechne ich auch den thasischen Stein mit den beiden Augen, worin ich eine Abbreviatur des Gorgo-Antlitzes sehe. Wir können die Gorgoneia in die Reihe der Wappensteine stellen, insofern sie als Münzbilder wiederkehren und der monumentale Ausdruck für das Abhängigkeits- und Schutzverhältniss einer Gemeinde sind; ebenso das Bild des Perseus in Ikonion, das Constantinus entführte, um es in seiner neuen Hauptstadt aufzustellen, wie man Adler und Standarten als Siegeszeichen verwendet[4]).

---

[1]) Malalas, Chron. p. 309. Köpfe über etrusk. Thoren: Gerhard, Abh. I, 293.

[2]) Cousinéry, Voyage dans la Macédoine I p. 99.

[3]) Welcker, Gr. Götterl. II, 627.

[4]) Leake, Num. Hell. As. p. 69. Unklar ist die Ausstattung eines Thorsteines mit zwei konischen Hüten, Zange u. a. Geräthe Archäol. Z. XIV, T. 93, S. 117. XV, 95.

Es wurden aber die als Wappen benutzten Wahrzeichen auch
selbständig aufgestellt. So stand der Halbmond auf einer Säule neben
dem Tempel von Sidon[1]), so die heilig verehrte Ziege in Phlius und die
Thiergruppe auf dem Markte von Argos, die in echtem Wappenstile den
lykischen Wolf als Stierwürger darstellte und durch den Sieg eines Wappen-
thiers über das andere den Eintritt einer neuen Epoche in der alten
Landesgeschichte bezeichnete[2]). Zu vergleichen ist auf den italischen
Münzen der die römische Wölfin niederwerfende Stier.

Im Orient gab es nur dynastische, priesterliche und Privatwappen;
Gemeindewappen finden wir erst in der hellenischen Welt[3]).

Mit dem öffentlichen Siegel (ἀττικὸν σημεῖον) versehen wurden die
attischen Proxeniedekrete in die Heimath des Geehrten versendet; auch
Steinpfeiler wurden mit dem Bilde der Eule ausgestattet. Das Staatssiegel diente zur amtlichen Beglaubigung der Legitimationen, mit denen
Staatsangehörige in das Ausland gingen; daher der Name σφραγίς auch
für den Reisepass gebraucht wurde[4]). Es diente dazu, Gegenstände,
deren Besitz streitig war, bis zur Entscheidung unter öffentlichen Schutz
zu stellen. Es wurde den Gewichten und Gefäßen eingestempelt, um
ihre normale Beschaffenheit zu bezeugen, wie es auch bei den Münzen
der Fall war, deren Gültigkeit der Staat verbürgte; es wurde als Marke
auf die Erztäfelchen geprägt, mit denen sich die Bürger als in öffent-
lichem Dienste handelnd ausweisen konnten. Zu diesen mannigfaltigen
Zwecken wurde nicht überall ein Zeichen angewendet. Wir' finden bei
denselben Staaten verschiedene Zeichen als Prägebilder und Aichungs-
stempel in Gebrauch, ohne dafs wir nachweisen können, nach welchem
Grundsatze sie neben einander benutzt wurden. So bei den Rhodiern
die Rose und der Helioskopf, bei den Athenern Gorgoneion und Eule.
Im Allgemeinen zeigt sich bei den Griechen auch im Gebrauche der
öffentlichen Wappen ein unverkennbares Streben nach Mannigfaltigkeit
und Abwechslung. Ihr beweglicher Geist und rastloser Erfindungstrieb

---

[1]) Museum Hunter ed. Combe XLIX, 14.
[2]) Welcker I, 379.
[3]) Rev. Arch. 1862 p. 247.
[4]) Arist. Vögel 124.

sträubte sich gegen die starre Typik, und dadurch wurde das orientalische Wappenwesen auf griechischem Boden wesentlich umgeändert. Indessen hat sich auch hier gerade in Betracht der öffentlichen Wappen ein stark conservativer Sinn bewährt, wie die in alterthümlicher Strenge festgehaltenen Münztypen beweisen und die vielen Wappenlegenden, die durch den Versuch hervorgerufen sind, die aus verschollenen Beziehungen zu den städtischen Schutzgottheiten entstandenen Stadtwappen zu erklären. So die Geschichten über den Doppelkopf aus Tenedos (Steph. Byz. s. v.), die Flügelsau von Klazomenai (Aelian N. A. XII, 38), die zwei Stadtkrähen von Krannon (Antig. Caryst. Hist. mir. 13), die Ziege von Elyros (Paus. X, 16) u. a.

Das öffentliche Wappen wurde auch als besondere Marke den Gegenständen angehängt, ähnlich den Siegelabdrücken, welche, mit Schnüren an die Urkunden befestigt, im Archiv von Ninive gefunden worden sind[1]). Hierher gehören die runden, dicken, gestempelten Thonstücke mit durchgebohrten Löchern am Rande, wie sie besonders in Kleinasien häufig vorkommen. Ein Stück dieser Art, das aus der Gonzenbach'schen Sammlung in Smyrna stammt[2]), trägt als Gepräge einen Frauenkopf, welcher mit dem der Aphrodite auf den Münzen von Knidos die grösste Aehnlichkeit zeigt. Endlich gehören zu den kleinen gestempelten Metallstücken auch die Bleie (piombi), welche zum Theil dieselben Wappenbilder tragen wie die Münzen und von denen man, so weit sie attischen Ursprungs sind, die Meinung aufgestellt hat, dafs es für den Localgebrauch bestimmtes Creditgeld der Gauorte gewesen sei[3]).

Die Staatsschiffe hatten neben dem besonderen Abzeichen, das dem Schutzdämon des Fahrzeugs galt, das öffentliche Wappen; so scheinen sich σημεῖον und παράσημον zu unterscheiden. Ueber Staatswappen auf Waffen haben wir merkwürdigerweise nur ein sicheres Zeugnifs, nämlich aus dem thebanischen Kriege, da die Arkader ihre Sympathien für Theben in der Weise kundgaben, dass sie die Herakleskeule auf ihre Schilder

---

[1]) Layard, Nin. u. Bab. S. 119. Abdrücke in Siegelerde (γῆ σημαντρίς).
[2]) Im Antiquarium Terracotten No. 6272.
[3]) Postolacca, Annali vol. XL p. 270.

malten[1]). Dadurch verzichteten sie auf ihre Selbständigkeit, wie es sonst durch Annahme fremder Münztypen geschieht.

In der Regel vertraten die Anfangsbuchstaben des Städtenamens die Stelle des Wappenbildes, und dieser Gebrauch erstreckt sich auch auf die Schleuderkugeln, von denen wenigstens die korinthischen durch KOP und KOPIN kenntlich sind[2]). Wappenbilder können überall durch Schrift ersetzt werden, wie die Aufschrift ($\downarrow\bar{\eta}\phi\sigma\varsigma\ \delta\eta\mu\sigma\tau i\alpha$) der attischen Stimmsteine zeigt, die keinen Stempel tragen[3]). Schrift und Bild kommen abwechselnd bei den Thieren vor, welche, aus öffentlicher Zucht hervorgegangen, als solche gekennzeichnet werden sollten. Denn so ist das Koppa an den korinthischen Pferden ohne Zweifel zu erklären, während von den Paropamisaden gemeldet wird, dafs ihre Rinder, d. h. die Gemeindeheerden, das gemeinsame Zeichen einer Herakleskeule trugen[4]).

In der Mitte zwischen öffentlichen und Privatwappen stehen diejenigen, welche gewissen Ständen eigen sind. So hat man das auf griechischen Grabsteinen vorkommende Pferd als Wappenzeichen der attischen Ritterklasse aufgefafst[5]). Neuerdings sind in gröfserer Anzahl Grabreliefs zum Vorschein gekommen, wo anstatt des Pferdekopfes oder eines einzelnen Pferdes Züge von Reitern oberhalb des den Hintergrund bildenden Vorhangs sichtbar werden. Es ist also zweifellos eine Hindeutung auf die Lebensstellung, die der Verstorbene als Reiterführer hatte, ohne dass wir berechtigt sind, ein eigentliches Standeswappen darin zu erkennen, wie es bei den *equites singulares* der Fall war.

Die Römer haben sich überhaupt in Hervorhebung der Standesunterschiede mehr den Orientalen angeschlossen, deren Kastengeist feste Standeszeichen hervorgerufen hat, wie bei den Aegyptern der Scarabäus das Kennzeichen der Kriegerkaste war[6]). So haben auch die Römer

---

[1]) Xenoph. Hell. VII, 5. Vgl. Griech. Gesch. III² S. 787.
[2]) W. Vischer, Antike Schleudergeschosse. Basel 1866.
[3]) Ἀρχαιολ. Ἐφημερὶς 1863 p. 305.
[4]) Eustath. Dion. Per. 1153 p. 314 ed. Bernhardy.
[5]) Gerhard, Gesammelte Abh. I, 344 Anm. 208.
[6]) Ael. V. H. X, 15.

durch Ringe verschiedenen Metalls die bürgerlichen Stände unterschieden und in ihrer realistischen Kunstweise auch auf den Grabsteinen, wo die Hellenen die besonderen Beziehungen vor dem allgemein Menschlichen zurücktreten liefsen, eine genauere Angabe des irdischen Berufs geliebt.

Erst in späterer Zeit kommen analoge Darstellungen auf attischen Grabsteinen vor, wie das Gurtenmesser auf dem Grabsteine des Winzers (Kumanudes n. 2208) und vielleicht auch die Spindel (n. 550. 1094), wenn diese nicht ein allgemeines Symbol weiblicher Thätigkeit ist, ebenso wie der Arbeitskorb unter dem Stuhle, der Schlüssel (Arch. Zeitung 1862 S. 296) und andere Symbole, welche die Wirksamkeit der Hausfrau andeuten. Ganz im Sinne römischer Kunst gedacht und ausgeführt ist der merkwürdige Grabstein aus Koticion, der durch Perrot bekannt geworden ist[1]), wo verschiedene Symbole männlicher und weiblicher Thätigkeit, Lanzen, Arbeitskorb und Spinngeräth dargestellt sind.

Der Waffendienst hat zu allen Zeiten am meisten Veranlassung zum Gebrauch von Wappen gegeben. Die runde Schildfläche war der geeignetste Platz, den man dafür finden konnte, und schon in Ninive sind Königsbilder in schildförmigem Ringe angebracht[2]).

Der Schildwappengebrauch stammt aus dem Solddienst. Hier sollte der Waffenschmuck dazu dienen, bei dem zusammengelaufenen Volk militärische Ordnung zu erhalten, die Lust am Dienste zu erhöhen und Standesgefühl zu wecken. Die Volksstämme des ägäischen Meeres sind als abenteuernde Kriegsleute in die Geschichte eingetreten; wir lernen sie zuerst als Freischaaren kennen, dem heimathlichen Boden entfremdet, bei auswärtigen Dynasten Dienst suchend. Im karischen Solddienste ausgebildet, ist der Schildwappengebrauch[3]) bei den Griechen einheimisch geworden und die bunte Fülle kriegerischer Insignien ist ein wesentlicher Charakterzug des heroischen Zeitalters und seiner Anakten geworden.

---

[1]) Galatie pl. 9.

[2]) Layard XVIII p. 461. Münzwappen auf Schildern: Brandis S. 488. 491.

[3]) Τὰ σημεῖα ἐπὶ τὰς ἀσπίδας ποιήσθαι Her. I, 171. Zusammenhang der karischen Erfindungen und assyrischen Bräuche: Layard II, 336, 347.

3*

Daher der Fleifs der bildenden Kunst und der Eifer der Dichter in Beschreibung und Darstellung der Schildzeichen. Sie gehören zu dem antiken Ritterthum und hängen mit dem Adelsstolze alter Geschlechter zusammen. Daher rühmt der demokratisch gestimmte Euripides am Amphiaraos, dafs er als ein ernster und schlichter Mann an dem junkerhaften Schildgepränge kein Gefallen gehabt, sondern eine wappenlose Rüstung getragen habe [1]).

Wenn man die in Wort und Bild bekannten Schildzeichen mustert, so erkennt man leicht, dass weder für diese noch für den Schmuck an Helm und Harnisch alte Traditionen vorlagen. Man dichtete die Schildzeichen im Sinne des Heroen und stattete die Waffen mit symbolischen Beziehungen auf die Geschichte desselben aus. Polyneikes trug die Dike als Schildzeichen, Achillens Seethiere als Helmrelief. Onatus gab dem Idomeneus einen Hahn als Emblem, um dadurch, wie Pausanias annimmt, seine Herkunft von Helios anzudeuten [2]). In der Beziehung auf die Herkunft begegnen sich also die Schildwappen mit Siegeln und Münzgeprägen. Denn die Perseussymbole auf bithynischen Königsmünzen scheinen darauf hinzudeuten, dass Prusias' II Mutter eine Schwester Philipps V war, der selbst den Perseuskopf auf einem makedonischen Schilde als Prägbild benutzte, um der Temeniden Abstammung von dem argivischen Heros zu bezeugen [3]). Andererseits galt Perseus auch als Ahnherr der Achämeniden, und so finden wir ihn als Gepräge auf den Münzen pontischer Städte, deren Beherrscher sich von den Achämeniden herleiteten. Zu den Wappen, welche auf die Ahnen und Stifter einer Dynastie zurückgehen, gehört u. A. der Kopf des Philetairos auf den Münzen der Pergamener, der Kopf Alexanders auf denen seiner Nachfolger. Auch das persische Reichswappen wurde, wenngleich irrig, im Alterthum auf den älteren Kyros gedeutet. Besonders hervorragende Mitglieder der Dynastien wurden der guten Vorbedeutung wegen auf das Siegel gesetzt, wie das Bild des Polydoros auf das der spartanischen Könige. Das Gleiche

---

[1]) Phoen. 1118.
[2]) Paus. V, 25, 9.
[3]) Vgl. Leake, Num. Hell. Kings and Dynasts p. 15. 41.

erzählte man von dem Kopfe der siegreichen Rhodogune, den man auf persischen Königssiegeln zu finden glaubte [1]).

In Lakedaimon, wo die Traditionen des achäischen Zeitalters sich am längsten erhalten haben, finden sich auch von Kriegerwappen am meisten Spuren. Man verspottete den Spartaner, welcher eine Fliege auf seinem Schild führte, weil er dieselbe so sehr in Miniatur hatte darstellen lassen, dafs man ihm vorwerfen konnte, er wolle im Kampfe nicht erkannt werden [2]). So sehr dienten die Schildwappen als Erkennungszeichen der Person.

Euripides folgte in einer vielbewunderten Stelle seines Theseus der Ueberlieferung, dafs die Heroen ihre eigenen Namen auf den Schildern trügen [3]). Diese Vorstellung schliefst sich an die in verschiedenen Staaten herrschende Sitte an, die Initialen des Stadtnamens als Wappen auf die Schilder zu setzen. Daher der Name Lambda oder Labda für lakedämonische Kriegsschilder [4]). Derselbe wappenartige Gebrauch von Buchstaben wiederholt sich auf den Münzen und er entspricht der Sitte der Aegypter, welche, da ihre Schrift selbst Bilderschrift war, auf ihre Siegel geschriebene Namen setzten. Von dem Gebrauche, dafs die Gefolgschaften auf dem Schilde Wappen oder Namen ihres Oberhauptes trugen, rührt, wie ich glaube, auch die Bedeutung von ἐπιγράφεσϑαι her in dem Sinne, dafs die Platoniker οἱ τὸν Πλάτωνα ἐπιγραφόμενοι genannt werden [5]).

Bei dynastischen Wappen sind die sich kreuzenden religiösen und politischen, allgemeinen und persönlichen Beziehungen am deutlichsten zu verfolgen.

Es gab Zeichen, welche den Stand des Fürsten ausdrückten, wie der Buchstabe ✚ auf kyprischen Denkmälern [6]) (Ba = βασιλεύς), wie das Bild der Biene in Aegypten; so der Adler auf Ptolemäermünzen, wo

---

[1]) Kyros: Sebol. Thuk. I, 129. Brandis S. 230. Rhodogune: Polyaen. VIII, 27.
[2]) Plut. Varia Lacon. Apophth. 38.
[3]) Athenaeus 454.
[4]) Phonius 200, 10. Hesychios. Ueber den wappenartigen Gebrauch der Initialen auf Münzen s. Imhoof in v. Sallets Numism. Zeitschr. I, 130.
[5]) Lucian Hermotimos c. 14.
[6]) Brandis, Monatsbericht der K. Preufs. Akad. d. Wiss. 1873 p. 647.

zwei Adler die an Rang gleich stehenden Gatten und Geschwister kennzeichnen. Als Helmzier bezeichnet der Adler die königliche Würde
Philipps V.

Ferner die besonderen Haus- und Familienwappen.

So nahm Seleukos, als er in den Fürstenstand eintrat, den Anker
als Hauswappen an, seit ihm dies Zeichen, ein Symbol der Sicherheit, auf
der Stätte von Babylon durch ein göttliches Wunder dargeboten war [1]).
Nach einer späten Ueberlieferung soll auf dem Siegelring, an dem Elektra
den Bruder erkannte, als Familienwappen das Schulterblatt des Pelops
eingegraben gewesen sein [2]).

Wie gewisse Culte das Motiv dynastischer Wappen hergeben, zeigt
am deutlichsten die Doppelaxt des Zeus Labrandeus auf den karischen
Münzen, so wie die Mondsichel mit Stern auf denen des Mithradates.
Für Alexander waren Athena und Nike die Gottheiten seines besonderen
Cultus. Ihnen weihete er die Schlachtopfer [3]), ihre Bilder waren daher
auch seine neu eingeführten Münzwappen. In Sardes war der Löwe das
Symbol der städtischen Schutzgottheit; es wurde um die neu ummauerte
Stadt getragen, um sie unüberwindlich zu machen. Die Mermnaden
schlossen sich diesem Culte an, und indem sie ihn zu ihrem Familien-
culte machten, weiheten sie auch ihre Geschenke an den delphischen
Gott in Löwenform, und wenn Polykrates mit dem Bilde der Leier sie-
gelte, so geschah dies wahrscheinlich im Anschlufs an den Gott von
Delos, in dessen Namen er die Inseln zu einem Reiche einigen wollte [4]).
Dynasten verbinden auch ihr persönliches Wappen mit dem der Ge-
meinde. Das bezeugt das Beizeichen des Ebers auf den Münzen des
Phintias (Leake, Num. Hell. Sic. p. 67).

Ueber den Wappengebrauch im Leben der griechischen Freistaaten
wissen wir, von ganz vereinzelten Erwähnungen abgesehen, nur was sich
aus den Denkmälern ergiebt, wo Wappen neben den Namen der Bürger
vorkommen und entweder dieselben ergänzen oder ihre Stelle vertreten.

[1]) Appian. I p. 314. Bekker.
[2]) Schol. Soph. El. 1222. Creuzer, zur Gemmenkunde S. 134.
[3]) Eckhel, Doctr. N. II, 547.
[4]) Clem. Protr. III p. 247 Sylb.

Die Bedeutung der Familienwappen ist verschieden nach der Verfassung der Staaten. Wo ein engerer Kreis amtsfähiger Familien bestand,
hat sich auch die Tradition der Wappen und die Bedeutung derselben
erhalten. So in Knidos, einer durch starkes Familienregiment ausgezeichneten Stadt, und in Thasos, dessen kräftige Aristokratie wir aus der
Geschichte kennen [1]). An beiden Orten finden wir auf den gestempelten
Thonkrügen das Privatwappen des Beamten neben dem Namen zur Lega-
lisirung der Gefäfse angewendet, während in Rhodos die Aichungsbeamten
sich des öffentlichen Wappens bedienten [2]). Auch in Abdera ist das Vor-
treten der Beamtennamen ein Kennzeichen der auch sonst bezeugten aristo-
kratischen Verfassung.

Indessen ist das Vorkommen bürgerlicher Namen und Wappen auf
Aichungsstempeln und Siegeln nicht unbedingt das Zeichen aristokrati-
scher Staatsordnung oder einer sich vordrängenden Nobilität, wie in
Rom [3]), sondern es ist auch das Zeichen einer gesteigerten Controle in
demokratischen Republiken, indem das staatliche Wappen allein nicht ge-
nügend befunden wird; man verlangt auch die Bezeichnung der Personen,
unter deren amtlicher Autorität und Verantwortlichkeit das Staatssiegel
auf die Münze gesetzt ist.

So kommen in Athen schon auf Tetradrachmen und Drachmen des
älteren Stils Beizeichen vor, welche mit Berücksichtigung der jüngeren
Reihe nur als Bürgerwappen anzusehen sind. Dann erscheinen auf den
ältesten Serien des neuen Stils Wappen und Monogramme, die zwischen
Wappen und Namen in der Mitte stehen.

Neuerdings sind die durch ihren Reichthum an Wappen und Namen
vor allen ausgezeichneten Münzserien von Dyrrhachion durch Johannes
Brandis a. a. O. auf das Scharfsinnigste benutzt worden, um den Gebrauch der bürgerlichen Wappen in griechischen Städten aufzuklären.

Wir erkennen die Stätigkeit der Wappenzeichen, durch welche verschiedene Familien, welche nicht durch gleiche oder gleichartige Namen [4])

---

[1]) Vgl. Griech. Geschichte II⁴ S. 700.
[2]) J. Brandis in v. Sallets Zeitschrift für Numismatik I S. 50.
[3]) Mommsen, Röm. Münzwesen S. 364.
[4]) Vgl. meinen Aufsatz über griech. Personennamen Monatsber. 1870 S. 162.

unter sich verbunden sind, ein Ganzes bilden; man erkennt auch in der
Zusammenstellung von je zwei Wappenzeichen den Eintritt neuer Familien-
verbindungen [1]).

Hier haben wir also eine ähnliche Combination wie auf den
dynastischen Wappen, welche bei Ausdehnung des Landesgebiets neue
Elemente in sich aufnehmen, wie z. B. die makedonischen Münzen das
thessalische Landessymbol nach Eroberung von Thessalien [2]).

Zugleich dient das veränderte Familienwappen dazu, die einzelnen Zweige des Geschlechts von einander zu unterscheiden, wie auch die
aus einander gehenden Volksstämme ihre Zusammengehörigkeit sowohl
wie ihre Verschiedenheit im Wappen anzugeben wußten. So ist zu ver-
stehen, was Strabon p. 416 vom Wappen der Lokrer sagt. Denn wenn
die gegen Abend wohnenden den Abendstern im Wappen führten [3]), so
werden wir bei den östlichen Stammgenossen das entsprechende Symbol
voraussetzen müssen, wenn wir auch nicht angeben können, wie man sich
den plastischen Ausdruck der beiden Wappenzeichen zu denken habe.

Was den bildlichen Charakter der Bürgerwappen betrifft, so finden
wir eine Auswahl von Zeichen, welche eben so sehr den plastischen Form-
sinn der Hellenen bezeugt wie auch jenen Euphemismus, der uns in ihren
Personennamen entgegentritt. Wir finden keine monströsen Gestalten, wie
im Morgenlande, sondern einfache, klare, ansprechende Zeichen, die dem
Cultus, dem Natur- und Menschenleben entnommen sind (Aehre, Traube,
Anker, Bogen, Füllhorn, Götterkopf, Dreizack, Keule, Fackel u. s. w.).
Zuweilen schliefsen sich die Privatwappen an das öffentliche Wappen an, wie z. B. in Thasos der bogenschiefsende Herakles auch als Hauswappen vorkommt. In den einzelnen Städten kehren dieselben Wappen
häufig wieder, wie es mit den Personennamen auch der Fall ist, und wie
bei diesen können wir auch bei den Wappen erbliche und rein persön-
liche unterscheiden. Wappenbilder, welche auf den Namen anspielen, wie
der Löwe auf dem Grabsteine des Leon (Kumanudes 2402), Eidechse und
Frosch auf den Arbeiten des Sauros und Batrachos (Plin. 36, 42) kommen

---

[1]) Brandis S. 76.
[2]) Leake, Num. Hell. Eur. Gr. p. 101.
[3]) Arch. Zeitung 1853 S. 35.

selten vor; häufiger sind die Anspielungen auf Familienculte und zwar z. Th. dieselben Culte, wie sie auch in den Familiennamen bezeugt werden, z. B. Palme und Schwan in einem Hause, wo die Namenmotive der apollinischen Religion angehören [1]). Prunkende Wahlwappen sind ein Zeichen der Hoffart und Eitelkeit, wie bei Alkibiades, der die ἐπίσημα πάτρια verschmähend, einen blitzschleudernden Eros auf seinen Schild setzte [2]). Wappen wie Namen werden bei Standeserhöhungen verändert. Aufserdem macht sich wie bei den städtischen, so bei den persönlichen Wappen der künstlerische Trieb geltend, Aenderungen anzubringen, welche ein bleibendes Thema in anmuthiger Weise umgestalten. Solche Wappenvarianten sind: Traube allein, Traube mit Blatt, zwei Trauben; Hermeskopf allein, Hermeskopf mit Caduceus u. a.

Man sieht, wie der hellenische Geist sich gegen den stereotypen Charakter sträubt, den die Wappenzeichen des Orients haben und der aristokratische Familiengeist verlangt. Es diente ja auch das Petschaft dazu, ganz individuelle Beziehungen zwischen zwei Menschen oder zwischen Mensch und Gottheit zum Ausdruck zu bringen. Wie die ὀνόματα Σεσφόρα [3]) den Anschlufs eines Hauses oder einer Person an einen bestimmten Cultus ausdrückten, so konnten auch aus dem Wappen, des Siegelrings gewisse ethische Verpflichtungen abgeleitet werden. Das göttliche Symbol durfte nicht verunreinigt werden. In der Kaiserzeit wurde es als ein Staatsverbrechen gekennzeichnet, wenn Jemand mit dem Bilde des vergötterten Augustus am Finger in unreiner Gesellschaft gefunden wurde. Der Ringfinger aber hatte, wie Gellius sagt, seine Auszeichnung dem Umstande zu danken, dafs er nach Entdeckung ägyptischer Anatomen mit dem Herzen der Menschen in nächstem Zusammenhange stehen sollte [4]). So geht der typische Charakter der Wappen in die allerpersönlichsten Beziehungen über, und auch der Sage vom Prometheusringe liegt die Vorstellung zu Grunde, dafs das in demselben gefafste Symbol ein

---

[1]) Brandis, Num. Zeitschr. S. 45.
[2]) Plut. Alk. 17.
[3]) Monatsber. 1870 S. 163.
[4]) Gellius X, 10.

Denkmal des Erlebten sein soll, welches der Träger des Ringes stets vor Augen haben und beherzigen soll [1]).

Wappenbilder vertreten die Namen, indem sie an sich ausreichen die Person zu bezeichnen, eben so wie die Attribute eines Gottes die Gestalt desselben oder seinen Namen vertreten: denn es ist im Wesentlichen dasselbe, ob man auf einem Stein Adler und Blitz darstellt oder *Διός* aufschreibt. So finden wir auf dem älteren Gelde von Athen nur Wappen von Personen, aber keine Namen.

Für die Verbindung von Wappen und Namen giebt es kein merkwürdigeres Aktenstück als die Tafeln von Heraklein. Hier treten die Wappenzeichen als Ergänzung eines unzulänglichen Namensystems ein, welches bei der Wiederkehr beliebter Namen in verschiedenen Häusern einer Stadt die Schwierigkeit der Identifikation der Personen nicht beseitigte. Konnte man doch erst bei einer längeren Reihe von Namen mit Sicherheit die charakteristische Familientradition erkennen. Indem man also dem Namen des Bürgers und seines Vaters das Hauswappen vorsetzte, ersetzte man das *nomen gentile* und kennzeichnete zugleich den Genannten als den einer angesehenen Bürgerfamilie Angehörigen. Wird nun als Viertes auch die Phylenzahl angemerkt, so erkennen wir hier einen Geist der Ordnung und statistischen Gewissenhaftigkeit, wie uns kein anderes Zeugnifs aus einer griechischen Gemeinde vorliegt. Man möchte geneigt sein, hier schon einen Einfluß von Rom anzunehmen.

Auch bei den Römern ist das Wappen als Kennzeichen der Person, wenn auch als rechtliche Institution früh abgekommen (Mommsen, Röm. Forschungen I S. 12), uralt und fest eingewurzelt; es wird also erlaubt sein die Frage aufzuwerfen, ob nicht der Verbreitung der Schrift ein ausgedehnterer Gebrauch bürgerlicher Hand- und Hauszeichen vorangegangen sein möchte und ob nicht auch in den klassischen Ländern einmal ein ähnlicher Zustand stattgefunden habe, wie ihn Herodot in Babylon fand, wo Jedermann sein Wahrzeichen bei sich führte, um sich damit selbst auszuweisen und jede Urkunde auf der Stelle beglaubigen zu können.

---

[1]) Plin. N. H. XXXVII, 1. Welcker, Trilogie S. 52.

Das Eigenthümliche des Wappenstils beruht auf sehr einfachen Voraussetzungen. Denn das Wappenzeichen soll auf knappem Raume in deutlichen Umrissen etwas Charakteristisches darstellen, mag es in monumentaler Form an Thoren und Pfeilern, im Siegelringe oder auf dem Münzfelde angebracht sein. Unter den Bildern, welche die Babylonier als Wahrzeichen trugen, nennt Herodot beispielsweise Früchte, Blumen und Vögel. Ich vermuthe, dafs dies die in den bürgerlichen Kreisen, von denen Herodot spricht, üblichsten Zeichen waren. Denn unter den heiligen und staatlichen Wappen, welche auf orientalischen oder orientalisirenden Münzen vorkommen, finden wir selten Gegenstände aus der Vegetation: aus der Thierwelt aber sind es vorwiegend Vierfüfsler, zahme und wilde, also die Thiere, welche durch den Nutzen, den sie gewährten, oder durch den Schrecken, den sie einflöfsten, das Interesse in besonderem Grade in Anspruch nahmen und im Cultus als Symbole göttlicher Macht eine höhere Bedeutung hatten. Sie waren auch für künstlerische Verwerthung die vorzugsweise geeigneten, weil sie durch ihre ausgebildete Gliederung die mannigfaltigsten Stellungen einnehmen und den verschiedenartigsten Raumflächen sich am fügsamsten anbequemen können.

Im Teppichmuster und den davon abgeleiteten Stilarten kommen auch Vögel zahlreich vor, indem die Lücken zwischen den Thierformen durch allerlei Zierrath ausgefüllt wurden. Der Wappenstil verschmäht diese Art der Füllung und ist dadurch der Lehrmeister eines strengeren Systems der Raumbenutzung geworden.

So ist im Siegelgebrauch ein engerer Kreis von Wappenthieren entstanden, welche gleichsam den Stamm derselben bilden, eine Art von hieroglyphischem Alphabet, welches sich wie die Schrift von Land zu Land verbreitet hat.

Mustern wir die Thiergruppe, welche auf Steinen, Münzen und Vasen in orientalischem Stil vorkommen, so tritt uns gleich die Thatsache entgegen, dafs das Löwenbild nicht nur das am meisten verbreitete ist, sondern auch das stilistisch am meisten durchgearbeitete, sowohl als Ganzes als auch in seinen Theilen.

Wir finden den Löwen hingestreckt, liegend und schlafend, stehend, lauernd, fressend, gehend, rennend, anspringend, sitzend und zwar ruhig

oder mit erhobenen Tatzen, mit offenem oder geschlossenem Maul, brül-
lend, aufschauend, vorschauend, rückschauend, den Schweif anziehend
oder in die Höhe streckend. In Theilformen ist kein Thierkörper auf
gleiche Weise plastisch ausgenutzt worden, indem nicht nur Vordertheil
und Kopf allein (und zwar von vorn und im Profil) oder Kopf mit Hals
oder Kopf und Tatze, sondern auch das Kopffell ein gebräuchlicher Typus
wurde. Dann ist der Löwenkörper in phantastischer Ausstattung der
fruchtbare Keim neuer Bildungen geworden, indem er durch den Menschenkopf zur Sphinx, durch den Adlerkopf zum Greifen, durch Verbindung mit Schlange und Ziege zur Chimaira wurde. Endlich kehrt er
in allen Gruppen von Thieren oder von Thieren und Menschen am häu-
figsten wieder; er kommt von allen Thieren am meisten gedoppelt vor
in ganzer oder halber Gestalt und wo verschiedene Wappenthiere friedlich
oder feindlich verbunden werden, fehlt der Löwe nie, während die anderen Thiere wechseln.

Darum ist der Löwe für die Kenntnifs des Wappenstils das wichtigste Element. Er ist, wenn man die Bildersprache mit der Lautsprache
vergleicht, derjenige Wurzelstamm, welcher ohne Vergleich die reichste
Entfaltung, die gröfste Fülle von Flexionen und Compositionen zeigt.

Der liegende Löwe ist das herkömmliche Modell der Erzgewichte
in Assyrien und als solches auch unter den Achämeniden in Gebrauch
geblieben. Als Münzbild ist er der, soviel bekannt, ältesten Prägstätte
der alten Welt eigen; denn auf dem lydischen Weifsgelde vor Kroisos fehlt
er nie, während das zweite Element, der Stier, fehlen kann. Mustern
wir die ältesten griechischen Prägstätten, so finden wir in Phokaia bei
roh eingeschlagenem Viereck neben dem Robben Löwenvordertheil und
Löwenkopf[1]) und wenn in Hyele und Massalia beide wiederkehren, so
sind wir wohl zu der Vermuthung berechtigt, dafs das Lokalwappen der
Phokäer erst allmählig den Löwentypus verdrängt habe. Kyzikos prägte,
wie man jetzt annimmt, sein ältestes Weifsgold mit dem Löwen und hatte
denselben als erstes Gepräge in Silber[2]). Milet ist dem Löwen immer
treu geblieben. In Chios kommt der Löwe mit und ohne Flügel neben

---

[1]) **Brandis**, Münzwesen Vorderasiens S. 396.
[2]) **Brandis** S. 388, 407, 339.

der Sphinx als Stempel des legirten Geldes vor[1]). Auch in Klazomenai
fehlt der Löwe nicht[2]). Samos hat Löwenkopffell als stehendes Wappen;
Mytilene den Löwenkopf als Reverstypus seines Vereinsgeldes in legirtem
Golde[3]).

Diese Thatsachen führen zu der Annahme, dafs die Prägung, wie
es kaum anders sein konnte, von einem Mittelpunkte ausgegangen ist und
dafs die griechischen Küstenplätze den Lydern nachgeprägt haben, wie
später die Barbaren des Binnenlandes den griechischen Seestädten.

Frühere Untersuchungen haben zu beweisen gesucht, dafs Sardes,
wie die Alten überliefern, und zwar das dortige Kybeleheiligthum als die
Wiege der Münzprägung anzusehen sei[4]). Der Löwe ist das Symbol der
sardischen Gottheit, das Schutzsymbol der Stadt, welche nach dem Aus-
spruch der Propheten von Telmessos deshalb von Kyros erobert wurde,
weil nicht der ganze Umkreis mit dem Löwenbilde umgangen worden
war[5]). Nimmt man also an, dafs die am Paktolos geprägten Münzen
in den Umlanden nachgeprägt worden sind, so erklärt sich die weite
Verbreitung des Typus in Kleinasien von Kyzikos bis Milet und das
Wiederauftauchen desselben in den fernsten Colonien. Dann müfsten
wir also eine Zeit annehmen, in welcher nach lydischem Vorbilde überall
Löwenmünzen geprägt wurden, bis die einzelnen Städte ihre Lokaltypen
feststellten und sich entweder an das Urbild anschlossen (wie Samos,
Chios, Mytilene) und demselben eine neue Bedeutung gaben, wie Milet
durch Hinzufügung des Sterns, oder ganz davon absprangen, wie Phokaia,
dessen Phoka schon als redendes Wappen einen jüngeren Ursprung zu
verrathen scheint.

Versuchen wir den Stil der Wappenthiere nach gewissen Ent-
wickelungsstufen zu verfolgen, so finden wir zunächst das Thierbild
ohne Rücksicht auf den Raum an seiner Stelle angebracht wie einen
Buchstaben. So steht der Stier auf Münzen ebenso wie unter dem

---

[1]) Leake, Ins. Gr. p. 8. Brandis S. 415.
[2]) Brandis S. 463.
[3]) Brandis S. 452.
[4]) Monatsbericht der K. Preufs. Akad. der Wiss. 1869 S. 477.
[5]) Herodot I, 84.

102

Henkel des Gefäfses von Amathus (S. 84) und ebenso in der Mitte von Rundschildern; so die Robben auf phokäischen Münzen, das Münzfeld quer durchschneidend. Dann giebt das Bestreben, den gegebenen Raum zu füllen und dem wiederkehrenden Thierbilde möglichst mannigfaltige und charakteristische Formen abzugewinnen, Veranlassung, den Körper aus seiner ruhigen Stellung heraustreten zu lassen und in Bewegung zu setzen.

Das einfachste Mittel ist die Antinomie, so nenne ich den Gegensatz, welchen man in die plastische Darstellung des Thierkörpers einführt, indem man bei stehenden wie liegenden Figuren Kopf und Rumpf eine verschiedene Richtung giebt. Die Umdrehung des Kopfes verkürzt die Figur und macht sie geeigneter, einen runden Raum zu füllen; sie giebt ihm den Ausdruck des Lebens, wird aber zu einer unnatürlichen Verschränkung, wenn auch bei gestrecktem Vorwärtsrennen der Kopf des Thieres völlig nach hinten umgebogen ist [1]).

Eine zweite Art schematischer Kopfdrehung ist die, dafs der Rumpf im Profil, der Kopf frei gearbeitet in Vorderansicht vorspringt. Diese Darstellungsart gehört dem asiatischen Wappenstile an, wie die Ruinen von Eyuk zeigen. Hier sind die Sphinxe und der den Widder zerreifsende Stier in flachem Relief auf den Felsblock profilirt, während die Vordertheile frei gearbeitet sind [2]).

Die Kopfdrehung ist die einfachste Form einer Reihe von Verschränkungen und gezwungenen Bewegungen, welche aus dem Bestreben nach Ausfüllung der Siegelfläche hervorgegangen sind, und wenn man die gewaltsamen Stellungen menschlicher wie thierischer Körper als ein Kennzeichen des ältesten Münzstils geltend macht, so ist diese ganze Darstellungsweise von dem Einflusse des Petschaftstils abhängig. Je dünner und schlanker die Figuren sind, um so gröfsere Mühe kostete es, mit ihnen den gegebenen Raum zu füllen, um so gewaltsamer sind die Stellungen, z. B. bei den Ziegen und Hirschen, wie sie die vertieft geschnittenen Kieselsteine zeigen, welche auf den Inseln des Archipelagus ge-

---

[1]) Hierher gehören die vielen Typen, welche als leo, bos, aquila, aries etc. retrospiciens bezeichnet werden, Sestini VIII, 5, 14, auch Centaurus retrosp. V, 17, 18, 58.
[2]) Perrot Expl. pl. 17. L'art de l'Asie mineure p. 7. Vgl. Conze Reise auf den Inseln des thrak. Meers S. 9.

funden werden [1]). Auch der Löwenkörper wird zum Zwecke der Raumfüllung mit unnatürlich hohem Rücken auf den Münzen von Massalia u. a.
dargestellt [2]).

Das bequemste Mittel, um ohne Gewaltsamkeit der Bewegungen
die Raumfüllung zu erreichen, war die Beflügelung. Der Doppelflügel
entspricht dem Bedürfniß nach Symmetrie; in der abgezirkelten Form,
wie die Flügel auf den alten Darstellungen griechischer und etruskischer
Kunst üblich sind, fügen sie sich trefflich der Rundfläche ein und man
hatte den Vortheil, die Körper bewegt darstellen zu können, ohne dem
strengen Schematismus untreu zu werden. So die stehende Eule mit
zwei ausgebreiteten Flügeln [3]).

Auf etruskischen graffiti sieht man den Ziegenhals aus dem Löwen-
rücken ebenso hervorwachsen [4]), wie den Flügel an dem gegenüberste-
henden Thiere: das rein schematische Motiv tritt hier recht deutlich zu
Tage. Der Körper ist nur als Ornament aufgefaßt, und wie man dem
Raum zu Gefallen die Umrisse und die Gliederstellung unnatürlich behan-
delte, so half man sich auch durch phantastische Ausstattungen, welche
die Formen verschiedener Thierarten vermengten. Man findet daher dieselben Thiere mit und ohne Flügel, ohne daß Veranlassung vorhanden
wäre, eine verschiedene Bedeutung der Thiere anzunehmen; es findet sich
deshalb auch bei den Thieren, die ihrer schlanken Formen wegen einer
plastischen Ergänzung am meisten bedürftig waren, die Beflügelung vorzugsweise angewendet. So erscheint das Pferd auf älteren Darstellungen
nie unbeflügelt. Man findet endlich aus keinem Grunde als aus dem der
Raumfüllung die Beflügelung am Ober- und am Unterkörper angebracht.
Ein altassyrisches Vorbild ist der Käfer mit vier Flügeln [5]).

Der wesentlichste Fortschritt in Ausbildung des Wappenstils ist
die Gruppirung verschiedener Figuren.

---

[1]) Rofs, Inselreisen III, 21. Intailles archaiques de l'Archipel von Fr. Lenor-
mand Revue Arch. Juillet 1874.
[2]) Museum Hunter ed. Combe T. 36, VI.
[3]) Monum. VIII, 92 n. 53.
[4]) King p. 150. Auf der beifolgenden Tafel No. 13.
[5]) Layard, Ninive u. Babylon T. XIV, 6.

Eines der ältesten Gruppenbilder ist die säugende Kuh, welche durch den Höcker als zur Zeburace gehörig gekennzeichnet, auf den Siegeln von Ninive vorkommt und wesentlich unverändert in Cilicien und Lykien wie in Dyrrbachion und Kerkyra wiederkehrt. Diese Darstellung ist aber nur die Erweiterung und Ergänzung einer Figur, aus dem Streben nach Raumfüllung hervorgegangen, ebenso wie der unter den Füfsen sprengender Rosse liegende Löwe auf assyrischen Jagdreliefs [1]).

Auch wo zwei selbständige Wappenthiere vorhanden sind, ist darum noch keine Gruppe. So z. B. auf den alten kleinasiatischen Goldmünzen, wo der Thunfisch als Beizeichen angebracht ist. Hier bezeichnen die beiden Zeichen ein doppeltes Cursgebiet. Sie gleichen einem Doppelnamen, der die engeren und weiteren Beziehungen angiebt, in denen ein Individuum steht. So stehen auch doppelte Familienwappen, um die Verbindung zweier Häuser anzugeben, stilistisch unverbunden auf Münzen und Thonhenkeln neben einander (S. 96).

Der Wappenstil beginnt erst, wenn die beiden Zeichen zu einer Gruppe construirt werden, wie zwei Redetheile zu einem Satze, denn indem aus mehreren Elementen eine Einheit hergestellt wird, erhält die Darstellung den Charakter eines Kunstwerks, das in engem Raume ausgeführt und auf knappen Ausdruck berechnet, eigenthümlichen Stilgesetzen unterliegt.

Die Zusammenordnung kann eine rein äufserliche sein, wie z. B. wenn das eingeschlagene Viereck der Symmetrie zu Liebe in zwei gleiche Rechtecke getheilt wird. Ein Wappenbild entsteht, wenn zwei Thiere oder Thiertheile einander so zugekehrt sind, dafs sie in unverkennbarem Zusammenhange mit einander stehen. So die Ziegenvordertheile auf den delphischen Silbermünzen[2]), wo beide Figuren vollkommen identisch sind. Eine freiere Form ist es, wenn verschiedene Thiere einander gegenüber gestellt sind, wie die Vordertheile von Stier und Löwe auf dem Golde des Kroisos[3]) und die entsprechenden Thierpaare auf lykischen Münzen[4]).

---

[1]) Layard, Ninive II. Serie n. 64. Sestini IV, 23. Brandis, Assyrien in Paulys Realenc. I, 1907. Siehe Tafel No. 2.
[2]) Revue Numism. 1869 p. 156. Siehe Tafel No. 5.
[3]) Brandis S. 386. Siehe Tafel No. 4.
[4]) Fellows, Coins IV, 8—10.

Die Art der Zusammenstellung ist von der Beschaffenheit der Thiere abhängig. So erscheint der Delphin, der seinem Wesen nach einem starren Schematismus widerstrebt, als ein belebendes Element des Wappenstils, indem man mit der strengen Symmetrie desselben anmuthige Bewegung zu verbinden sucht. Zwei Delphine werden einander parallel gegenüber gestellt, so dafs die Rückseiten einander zugekehrt sind[1]), oder man paart sie in entgegengesetzter Richtung[2]), und mit dieser geringfügigen Aenderung beseelt man den todten Parallelismus, indem man der Gruppe eine rhythmische d. h. antistrophische Bewegung giebt. Wie sehr diese dem hellenischen Sinne entsprach, sieht man daraus, dafs auch unbelebte Wappenbilder ebenso zusammengestellt werden wie z. B. die beiden Köpfe auf den Münzen von Istros, die beiden Krüge auf denen von Thasos, hier wie dort das eine Bild nach unten, das andere nach oben gerichtet. Man sollte auf den ersten Blick erkennen, dafs die beiden Gegenstände nicht zufällig neben einander stehen, sondern in Bezug auf einander componirt sind.

Die angeführten Bilder sind Beispiele loser Gruppirung. Eine geschlossenere Einheit wird erzielt, indem zwei identische Figuren so im Profil an einander gerückt werden, dafs die Fronten sich in der Mitte der Bildfläche mit senkrechter Stofslinie berühren. So die beiden Widderköpfe auf dem Grofssilber von Delphi[3]), ein Musterbild schematischer Wappencomposition, die vollständigste Raumfüllung mit dem charakteristischen Detail des Thierkörpers verbindend. Als Motiv denke ich mir zwei nach dem Opfer neben einander aufgehängte Widderköpfe. Dafs dies ein typisches Wappenbild war, schliefse ich daraus, dafs dasselbe Bild auf einem von der Südküste Kleinasiens stammenden Chalcedon wiederkehrt[4]). Eine Analogie erkenne ich in dem Bilde der beiden Skythen, welche einen Becher haltend mit den Stirnen zusammenstofsen und eine eng geschlossene Gruppe ohne Zwischenraum bilden[5]). Auf den delphischen Münzen zeigt sich (wie auf dem Siegelstein) im oberen

---

1) Revue N. 1869 p. 155. Vgl. Tafel No. 6.
2) Münze von Argos. No. 7.
3) Henry de Longpérier in der Revue Num. 1869 p. 149. Siehe Tafel No. 19.
4) Sammlung von M. James Cove Jones in Loxley: Revue p. 170.
5) Antiquités du Bosphore Cimm. pl. XXXII. Berliner Abgüsse No. 193.

Abschnitte als anmuthiger Gegensatz zu dem starren Wappenbilde ein Paar von Delphinen, welche sich spielend begegnen.

Die im Profil gestellten Parallelfiguren kehren in einer Fülle von Varianten wieder, entweder einander gegenüber lagernd oder sitzend, wie die Sphinxe mit aufgehobener Tatze auf der Borte der Ficoronischen Cista, oder auch bewegt und im Conflikt mit einander. Die Thiere sind auf den Hinterbeinen aufgerichtet und berühren sich mit den Tatzen, wie die beiden Flügellöwen (N. 11), oder sie sind in heftigem Ansprunge wider einander begriffen. Dann wird also der schematische Gegensatz zu einer Antikrusis.

Der bekannteste aller hierher gehörigen Typen ist die Gruppe der sich stofsenden Böcke, eines der verbreitetsten Reliefmotive, welches als Akroterion über der thasischen Pansgrotte, als Krönung von Grabpfeilern und Weihgeschenken, als Schmuck der Vorderseite von Thongefäfsen, als Münzwappen in Sagalassos und sonst vorkommt[1]). Analog ist die Gruppe der zwei streitenden Hähne auf Münzen, Stempeln und Relieftafeln[2]).

Dies Doppelbild bleibt des heftigen Conflikts ungeachtet ein starres Schema, indem sich zwei ganz identische Figuren in vollkommener Symmetrie gegen einander erheben. Dramatisches Leben entwickelt sich bei Darstellung verschiedener Thiere, welche einander bekämpfen.

Wir finden, dass dieselben Wappenthiere, welche auf einem Münzfelde wie zwei Buchstaben unverbunden neben einander standen, in Folge des Strebens nach lebendiger Gruppirung in einen Kampf mit einander verwickelt werden, wie Löwe und Robbe auf phokäischem Golde[3]), und dafs diese Thiergruppen mit dem Wappenstil eng zusammenhängen, erkennt man schon daraus, dafs sie vorzugsweise als Schildzeichen in Gebrauch waren. Es kommen auf beiden Seiten wilde Thiere vor, Löwe und Eber, Einhorn und Löwe; in der Regel ist es aber ein Raubthier mit einem schwächeren Geschöpfe zusammen, so dafs der widerstandslose Er-

---

[1]) Pervanoglo, Grabsteine S. 111. Arch. Zeitung 1864 S. 284*; 1865 S. 11*. Als Emblem des Latmos auf dem Endymionsarkophag zu Mantua.

[2]) Poole, Greek coins, Italy p. 64. Fellows XIV, 6. Eine farbige Terrakottengruppe im K. Antiquarium.

[3]) Mus. Luynes. Brandis Münzwesen Vorderasiens S. 396.

folg des ersteren ein passendes Symbol heroischer Kraft und Siegerstärke sein konnte. So Löwe, Greif, Wolf mit dem zu Boden sinkenden Stier oder Hirschen in unzähligen Wiederholungen, deren Urbild im südlichen Kleinasien einheimisch zu sein scheint[1]). Auf kyprischen Münzen schiefst der Löwe aus der Höhe auf den Hirsch hinunter: auf den Münzen von Akanthos ist der Kampf am vollständigsten in das Rund hinein componirt. Anstatt des Kampfes wird auch der Erfolg desselben, der gelungene Fang dargestellt, das Raubthier im Besitz seiner Beute, ein Wappenbild, das unmittelbar aus dem Walzzeichen hervorgegangen zu sein scheint. So der Adler mit dem Fisch, der Schlange, dem Hahne[2]).

In diesen Kampfgruppen ist der orientalische Stil am meisten aus seiner Starrheit herausgegangen: darum hat sich auch die griechische Kunst hier am engsten an ihn angeschlossen. Selbst die Gruppe des stehenden Mannes (des assyrischen Herakles) mit dem gegen ihn aufgerichteten Löwen ist als Wappenbild auf kleinasiatische Münzen übergegangen[3]).

Die Kampfgruppen erweitern sich auf drei Figuren. Zwei Greife stürzen sich auf einen Hirsch. Das dritte Thier wird entweder erst angepackt, oder es ist schon bis auf einen Ueberrest verschlungen und um den letzten Rest kämpfen die beiden andern, so dafs die Trias wieder in die Doppelgruppe zurückkehrt und der Kopf des verzehrten Thieres nur dazu dient, die Lücke zwischen den beiden gegen einander vorgehenden auszufüllen[4]).

Die besprochenen Gruppirungen sind sämmtlich aus der Gegenüberstellung zweier Wappenthiere hervorgegangen. Diese Frontstellung ist die dem Wappenstile am meisten entsprechende, weil sie eine concentri-

---

[1]) Nationalphönikisch nach King, Gems and Rings I, 117, 126. Luynes, Choix II, 10, 16. XI, 10—17. Luynes Satr. p. 30.

[2]) Aigle pêcheur sur un dauphin: Luynes, Satrapie p. 46.

[3]) R. Rochette, Mém. de l'Académie XVII, 2, p. 123. Waddington, Mélanges de Numism. pl. V.

[4]) Monum. del Inst. VI, 12. Merkwürdig ist, dafs sich diese Kampfgruppe auch auf einem Thongefäfse findet, dessen Zeichnung sonst von der primitiven Art ist, welche, wie man anzunehmen pflegt, allen orientalischen Einflüssen fern steht. Die Vase ist aus Athen nach Copenhagen gekommen.

sche Gruppirung veranlaßt. Es finden sich aber auch Zusammenstellungen, in denen die Wappenthiere eine centrifugale Richtung haben.

Liegende Löwenpaare, die mit dem Hinterkörper an einander lehnen und die Köpfe dem Beschauer zuwenden, kommen in wappenmäßiger Strenge besonders in Cypern als Pfeilerkrönung vor [1]). Ein verwandtes Motiv liegt den Gruppen zu Grunde, in denen zwei skythische Jünglinge, kniecnd, mit dem Rücken an einander gelehnt, Pfeile abschießen oder Greife tränken [2]). Auch in Bewegung kommen die excentrisch gewendeten Wappenthiere vor, so z. B. auf einer merkwürdigen Silbermünze der Fox'schen Sammlung, wo vor einer Stadt, bei welcher ein Schiff liegt, zwei Löwen in vollkommener Symmetrie dargestellt nach rechts und links aus einander rennen [3]).

Diese divergirenden Figuren werden die Keime neuer Thiercompositionen, welche wir nach Analogie der Schrift Ligaturen nennen können, indem Theile verschiedener Thierkörper so zusammengeschoben werden, daß Mischformen entstehen. Hier begegnen sich wieder monumentale Plastik und Münzwappen. Die lydische Münzreihe beginnt mit dem Zwitterbilde eines rückwärts verbundenen Paares von Stier und Löwe [4]); ebenso finden wir auf lykischen Stempeln in entgegengesetzter Richtung verbundene Thiervordertheile [5]); die gleichen Motive begegnen uns an den Kapitellen von Persepolis u. a. und in den Doppelthieren etruskischer Halsgeschmeide [6]).

Durch Verschmelzung verschiedenartiger Thierkörpertheile war der Weg zu einer Reihe naturwidriger Formbildungen eröffnet, bei denen besonders zwei rein formale Gesichtspunkte maßgebend waren, das Princip eines symmetrischen Parallelismus und das der Concentration.

---

[1]) Döll, die Sammlung Cesnola S. 53. Nuove Memorie p. 379. Vgl. die beiden Wappenlöwen der Kybele bei Roulez Acad. de Bruxelles XII n. 10.

[2]) Antiquités du Bosphore pl. XX.

[3]) R. Rochette, Mém. de l'Inst. XVI pl. 10 n. 6. Auf meiner Tafel No. 10.

[4]) Sestini IX, 53. Brandis S. 266. Meine Tafel No. 9.

[5]) Brandis S. 489.

[6]) Vgl. Beiträge zur Topogr. u. Gesch. von Kleinasien S. 43. Unger, Mitth. aus dem Göttinger anthropol. Verein 1873 S. 24.

Aus dem ersten sind die doppelköpfigen Figuren hervorgegangen, die ἀμφιπρόσωπα [1]) so wie die doppelköpfige Eule, wie sie in einer kleinen Bronze aus Gerhards Besitz in unser Antiquarium übergegangen ist [2]), der doppelte Menschenkopf auf Münzen von Tenedos (wo die Doppelaxt der Rückseite demselben formalen Prinzipe entspricht), Lampsakos und Athen sowie auf griechischen Bleimarken, der Doppeladler in Cappadocien u. s. w. [3]).

Dem andern Prinzip entsprechen die Bildungen, welche je zwei Leiber in einen Kopf gipfeln lassen. Sie werden architektonisch verwendet wie die doppelleibige Sphinx im Giebel eines attischen Pfeilers, wo sich die beiden von rechts und links ansteigenden Dachschrägen in der Sphinx harmonisch vereinigen [4]). Das einköpfige Eulenpaar attischer Diobolen ist bekannt. Einköpfige Doppelthiere kommen auch auf Stirnziegeln und Schmuckgeräthen vor: so die Doppelsphinx auf dem Lauersforter Medaillon und auf einem Stirnziegel aus Pella [5]).

Der Dualismus ist das Grundprinzip des Wappenstils. Aus ihm entwickelt sich die Trias, welche den Gegensatz der zwei Elemente zu einer höhern Einheit zu verbinden sucht. Der Charakter der hierher gehörigen Compositionen bestimmt sich darnach, welche Stellung und Bedeutung das dritte Element einnimmt.

Es tritt in sehr unscheinbarer Weise als Blatt- oder Linienornament auf, indem es nur dazu bestimmt scheint, den Zwischenraum zu füllen und die Mitte scharf zu kennzeichnen [6]). So auf dem etruskischen Graffito (No. 13), wo im Felde zwischen Sphinx und Chimaira ein Blatt senkrecht aufsteigt. So finden wir auch auf der von Imhoof veröffentlichten lykischen Münze [7]) zwischen den beiden katzenähnlichen Thieren, welche steil gegen einander aufgerichtet sind und sich mit den Vordertatzen berühren, in der Mitte eine feine senkrechte Linie angegeben. Ein

[1]) Aelian N. A. VI, 29.
[2]) Gerhard, Zwei Minerven. Winckelmannsprogramm 1848.
[3]) Prokesch p. 21. Ann. XL p. 276.
[4]) Siehe Schöll, Mittheilungen aus Griechenland S. 112.
[5]) Jahn, Lauersforter Phalerae S. 9. Cousinéry, Voyage dans la Macédoine p. 99.
[6]) King p. 106.
[7]) Imhoof, Choix Tafel V. Auf unserer Tafel No. 8.

breiteres Blattornament trennt die Köpfe der zwei anspringenden Löwen auf dem Schilde von Caere[1]).

Ganz anders ist es auf dem assyrischen Brunnenrelief zu Bavian[2]). Hier ist das Mittelglied nicht blofs ornamental, sondern das wirkliche Centrum, das Wesentliche des Bildes, der Ring, aus dem, wie aus einem Fasse, das Wasser vorströmt. Die Löwen sind, wie die beiden Panther, welche in symmetrischer Streckung an der Vorderseite eines Schmucks das Gefäfs emporhalten[3]), zu gemeinsamer Thätigkeit verbunden, wie zwei echte Schildhalter.

Die Trias erscheint in loseren und geschlosseneren Gruppen. Zu den ersteren gehören die phrygischen Grabfronten, wo Krüge, Schilder u. a. Gegenstände zwischen zwei Adlern oder zwei heranschreitenden Thieren die Mitte einnehmen[4]). Gedrungener wird die Composition, wenn ein schmaler und hoher, pfahl- oder säulenartiger Gegenstand die Mitte einnimmt, der in verschiedener Form wiederkehrt und auch als phallisches Symbol gedeutet worden ist. Mit einem spitzen Aufsatze versehen, gleicht er einem zum Stehen eingerichteten Köcher, wie er auf Münzen von Sinope und sonst vorkommt[5]). Es scheint mir einstweilen unmöglich, über die Bedeutung dieser Darstellungen ein Urtheil zu fällen. Von grofser Wichtigkeit aber ist es, dafs diese dreifigurigen Wappenbilder im Dreieck über der Eingangspforte ein phrygischer Lokaltypus sind, der sich viele Jahrhunderte hindurch erhalten hat und in wirklich alterthümlichen Felssculpturen wie in denen mit nachgeahmter Holzarchitektur nachweisen läfst.

Auch auf einem äginetischen Vasenbilde des ältesten orientalisirenden Stils steht eine runde Säule zwischen zwei Löwen als Centrum einer Figurenreihe[6]). Sie ist für die plastische Vollendung des Wappenbildes zu drei Figuren das wichtigste Element. Hoch aufgestellt in der Mitte der

---

[1]) Mus. Gregorianum I, XV. Tafel No. 3.
[2]) Layard, Ninive und Babylon D. Uebers. I S. 161. Tafel No. 12.
[3]) Arneth, Gold- und Silbermonumente G. I. Auf unserer Tafel No. 4.
[4]) Perrot p. 146. Barth, Reise von Trapezunt 1860 S. 98. Auf unserer Tafel No. 23.
[5]) Vgl. Imhoof, Choix III, 117.
[6]) R. Rochette, Mémoires de l'Institut XVII pl. VIII. No. 20 unserer Tafel.

Composition bildet sie als fester Körper zu den an ihr sich emporrichtenden Thierleibern einen ansprechenden Gegensatz; sie giebt dem Bilde den Charakter der Festigkeit, der Einheit und des pyramidalen Abschlusses, welchem die Trias von Anfang an zustrebt.

Diese Composition tritt uns jetzt in dem Karneol des brittischen Museums vor Augen, welcher vor Kurzem in den Gräbern von Ialysos gefunden worden ist[1]), eines der merkwürdigsten Denkmäler des antiken  Wappenstils. Zwei schlank gebaute Thiere, welche mit Hunden Aehnlichkeit haben, stehen rechts und links an einer runden Säule, an deren Schaft oben und unten ein Ring befestigt ist. Es ist aber nicht möglich, die Beschaffenheit dieses Gestelles näher zu bestimmen, wie überhaupt die Umrisse der Zeichnung einen weichlich verschwommenen und unklaren Charakter haben, so dass man auch kaum geneigt sein wird, für ein hohes Alter dieses Intaglio einzustehen.

Gewiss liegt aber ein alter Typus zu Grunde und wir erkennen hier die in das Enge zusammengezogene Darstellung desselben Wappenbildes, das uns in monumentaler Würde über dem Stadtthore von Mykenai erhalten ist. Wir dürfen voraussetzen, dass bei weiterer Durchforschung Kleinasiens auch monumentale Vorbilder des Löwenthors sich finden werden. Schon jetzt aber ist es ein Gewinn, dass dasselbe unter den Denkmälern der alten Welt nicht mehr so einsam dasteht, dass wir in Lycien, dem Mutterlande argivischer Kunst, und in Rhodos entsprechende Typen und einen stilistischen Zusammenhang wappenartiger Composition auf Münzen, Gemmen, Vasenbildern und Baudenkmälern nachweisen können.

Man hat die zwischen den Thieren aufgestellte Säule als ein göttliches Bild zu deuten gesucht[2]). Sicherer ist diese Deutung bei anderen, wo zweifellos ein Idol die Mitte des Bildes einnimmt, so dass die Seitenfiguren zu Nebenfiguren werden. Dies ist am deutlichsten auf den Münzen von Marion mit dem kegelförmigen Stein in der Mitte, dem Symbole der dort verehrten Gott-

[1]) Arch. Zeitung 1872 S. 100.
[2]) R. Rochette, über die Säule als Sonnensymbol im Cultus des tyrischen Herakles a. a. O. p. 47, 53, 84. Movers I S. 401.

heit, dem der paphischen Göttin entsprechend, rechts und links eine
hängende Traube, welche den übrig bleibenden Raum ausfüllen. Die
Nebenzeichen wechseln, während das Hauptbild bleibt. Um nach Analogie anderer Wappenbilder zwei Thiere auf den Seiten zu haben, machte
man aus den Trauben Tauben und zwar in so spielender Weise, dafs
man an den Vogelleibern noch die Muster der Weinbeeren gelassen und
denselben zwar Vogelköpfe, aber keine Füfse gegeben hat[1]).

Häufiger als Götteridole werden gottesdienstliche Geräthe und Symbole, Kandelaber, Thymiaterien, Altäre, Dreifüfse nach Analogie der phrygischen Felsfaçaden zwischen zwei lebenden Wesen aufgestellt; so auf
Friesplatten der Kandelaber zwischen Tempeldienerinnen oder der Krater
zwischen Panthern[2]); so auf geschnittenen Steinen die bacchische Cista
zwischen zwei heranspringenden Böcken oder der Todtenkopf zwischen
zwei einander gegenüber lagernden Sphinxen[3]). Diese Gruppirung ist
auch auf Gewebe übertragen und wiederholt sich als ein uraltes Muster
auf sassanidischen Seidenstickereien, wo je zwei Löwen vor einem bren-
nenden Kandelaber stehen[4]).

Merkwürdiger ist, dafs an Stelle der Thiere und Menschen, welchen
die Symbole oder heiligen Gegenstände gleichsam in Obhut gegeben sind,
Göttergestalten zur Rechten und Linken der centralen Figur auftreten. So
zwei in der Hauptsache ganz identische Minerven rechts und links von
einem Tropaion[5]), zwei Abundantiafiguren an den Seiten eines Dreifufses[6]).
Das rein formale Prinzip der symmetrischen Gegenüberstellung hat hier zur
Verdoppelung mythologischer Wesen Veranlassung gegeben, und ebenso
werden wir uns auch die zwei Laren zur Seite der Vesta oder der
Victoria zu erklären haben[7]).

[1]) Waddington, Mélanges IV. Auf den Exemplaren der Foxschen Sammlung
sieht man deutlich diese Spielerei. Siehe Tafel No. 1.

[2]) Campana Tav. XLI. CVII.

[3]) Tölken, Verzeichnifs der K. Gemmensammlung Kl. III n. 1473. Auf unsrer
Tafel No. 18.

[4]) Semper, Der Stil I p. 155.

[5]) Tölken n. 1267.

[6]) Gerhard, Zwei Minerven. Winckelmannsprogramm 1849.

[7]) Arch. Zeitung 1852 S. 424.

Endlich treten die Gottheiten selbst an Stelle ihrer Symbole oder der ihnen geweihten Gegenstände in die Mitte der Composition, von zwei identischen Thierfiguren symmetrisch umgeben, die entweder ruhend neben der Gottheit angebracht werden, wie die Hirsche bei dem ephesischen Tempelbilde, oder mit der Gottheit zu einer dramatischen Gruppe verbunden[1]). Auch hier ist die Grundform des Schemas in der babylonisch-assyrischen Kunst gegeben, wo Löwen, Antilopen, Schwäne u. a. dargestellt sind, an welchen die Gottheit ihre Macht bezeugt, indem sie dieselben an den Vorderfüßen vor der Brust eng zusammenhält oder mit den Armen, am Hals oder am Schwanz gepackt, frei emporhält, der gewaltsamsten Energie ungeachtet immer in schematischer Starrheit, wie sie dem orientalischen Wappenstil eigen ist[2]). Dieser Typus hat in den Darstellungen der 'persischen Artemis' und des phrygischen Sonnengottes die weiteste Verbreitung gewonnen[3]).

Nur in fernerem Zusammenhange mit diesen Compositionen steht das Silbermedaillon mit dem schönen Kopfe der sogenannten Artemis Aiginäa; es ist aber lehrreich zu beobachten, wie zu den Seiten eines so vollkommenen Idealbildes die beiden Widder rechts und links den typischen Charakter identischer Wappenthiere beibehalten haben[4]).

Der orientalische Wappenstil hat sich aufserhalb des Orients besonders in Etrurien und am Pontus erhalten. Unter den Alterthümern der Krim sind es vorzugsweise die Reliefs in getriebenem Metall an Gefäfsen und Geräthen, Thier- und Menschengruppen in Stein, Metall und Thon, in welchen sich die Motive des orientalischen Stils erhalten haben[5]). Von etruskischen Arbeiten führe ich nur die 'Diana von Grächwyl' an, als das hervorragendste Beispiel eines heraldischen Aufbaus von Figuren, in welchen sich alle Formen des alten Wappenstils, die steife Symmetrie, die Kopfdrehung, das Halten der Thiere an den Vorder- und an den

---

[1]) Athena zwischen zwei Panthern mit aufgehobener Tatze als Abbreviatur einer Tempelgiebelgruppe auf delph. Münzen. Imhoof in v. Sallets Numism. Zeitschr. I, 115.

[2]) R. Rochette a. a. O. p. 113, 116 ff.

[3]) Arch. Zeitung 1853 S. 177. Vgl. den phryg. Sonnengott S. 193.

[4]) Monum. del Inst. I pl. XIV.

[5]) Antiq. du Bosph. Cimm. pl. XIII, XIV 10, XX, XXII, XXXII, LXXVI.

Hinterfüfsen u. s. w. nachweisen lassen[1]). Auch in der malerischen Decoration etruskischer Gräber finden wir über den Thüren dieselben Gruppen rückwärts zusammensitzender oder einander zugekehrter Thiere, wie
im Wappenstile des Orients[2]).

Auch die Griechen sind ursprünglich in allen Stücken von den
Orientalen abhängig gewesen. In Milet und Kyzikos haben sie mit den
assyrischen Gewichten auch den assyrischen Löwen unverändert übernommen. Sie haben in den Gegenden, wo sie mit Aegyptern, Assyriern,
Phöniziern und Persern zusammensafsen, ihre Symbole nachgeahmt und
in ihrem Kunststile gearbeitet. Man kann die griechische Hand bei
Ausführung asiatischer Typen deutlich erkennen, z. B. an den Silberschalen von Kition. Denn hier erscheint, so unselbständig auch die
Kunstübung noch ist, der starre Schematismus schon gelöst: die Figuren
werden lebendiger und freier; man spürt ein selbsterworbenes Naturver-
ständnifs. Man sieht auf den mit dem altassyrischen Perlenkranz um-
gebenen Münzen die Thierbilder mit frischem Leben beseelt und die Gestalt des Auramazda, der dem Gotte Assur nachgeformt ist, in vollkommen hellenischer Körperbildung aus dem Kreise aufsteigen[3]); endlich zeigt
das mykenische Löwenrelief mit seiner feinen Linienführung, wie man
das asiatische Wappenschema zu veredeln wufste.

Die Nachahmung des Fremden war die Vorschule nationaler Kunst.
Mit dem Sinne für Ordnung und Ebenmafs, der den Griechen angeboren
war, eigneten sie sich bereitwillig die strenge Typik an, welche alle Figuren dem Gesetz der Symmetrie unterordnet. Es beherrscht die Darstellungen altgriechischer Kunst wie ein herkömmlicher Zwang: man kann
ihn auch in den dramatischen Bildern echtgriechischer Sage, wie z. B. in
dem Zweikampfe zwischen Hektor und Menelaos auf der Thonscheibe von
Kameiros wie in dem Kerkopenrelief von Selinus nicht verkennen, wo
die einander gegenüber gestellten Figuren wie Wappenbilder ganz iden-

---

[1]) Arch. Zeitung 1854 T. LXIII. Genthe, Etrusk. Tauschhandel S. 128.

[2]) Vgl. die zwei Löwen dos à dos, die zwei aus einander rennenden Panther:
Mus. Gregor. I, 103. Merkwürdig, wie sich auch an dem Amazonensarkophag in Florens
trotz der Freiheit des Stils in beiden Giebelgruppen ein strenger Wappenstil zeigt.

[3]) Silbermünze des K. Münzkabinets, nach Luynes Satr. p. 1 des Tiribazos.

tisch sind, als wenn diese Art der Entsprechung zum Wesen künstlerischer Darstellung gehörte. Im Orient sind die Typen constant. Wenn man die assyrischen Sculpturen des britischen Museums betrachtet, so findet man dieselben Muster auf den ältesten Reliefs, die Layard aus Nimrud gebracht hat, und auf den durch Loftus in den jüngsten Palästen von Knjundjik entdeckten. Wo und wie dies Formensystem entstanden ist, können wir nicht nachweisen. Wir kennen die monumentale Kunst der Assyrier, wie die der Aegypter, nur in einem Zustande conventioneller Erstarrung und in diesem Zustande ist sie auf die Perser übergegangen. Bei den Griechen ist dies Formensystem aber der Keim eines neuen Kunstlebens geworden.

Die freie Bewegung der hellenischen Kunst zeigt sich darin, dafs sie die gezwungene Symmetrie in eine natürliche umzugestalten weifs, wie auf den Münzen von Aspendos, wo die beiden identischen Figuren in Gestalt von zwei Ringern, welche sich mit gleicher Kunst zu fassen suchen, vollkommene Naturwahrheit zeigen. Die wappenmäfsige Symmetrie ist erhalten, aber der Zwang ist verschwunden und der todte Schematismus mit vollem Leben durchdrungen.

Die Selbständigkeit der griechischen Kunst zeigt sich ferner darin, dafs sie in frommer Scheu vor Allem, was der Natur Gewalt anthut und ihren Gesetzen widerstrebt, das Monströse ablehnt, die bizarren Verbindungen thierischer und menschlicher Formen und thierischer Körper unter einander verwirft, die überlieferten Formen veredelt und nur solche Mischgestalten aufnimmt, welche sich naturgemäfs darstellen lassen. Von den Gruppenbildern werden die häfslichen und widerwärtigen beseitigt (so die Göttergestalten, welche je zwei Löwen an den Schwänzen emporhalten), aber die natürlichen und ansprechenden beibehalten, wie z. B. das uralte Wappenbild der säugenden Kuh. Auch die Vögel auf dem Königsscepter sind im Grunde nichts Anderes als die Wappenzeichen auf den Stäben der Babylonier, und die kämpfenden Thiergruppen[1]) wiederholen sich als Münz- und Schildwappen, wie in der monumentalen Gruppe auf dem Markte von Argos, wo sie eine Epoche der Landesgeschichte darstellt.

---

[1]) Eine Thiergruppe zu drei, streng symmetrisch, aber frei und von höchster Lebendigkeit: Annal. 1863 Tav. d'agg. F.

6*

Denn das ist die Hauptsache, dafs Alles, was rein schematisch war, Sinn und Bedeutung erhält. So erwächst aus den Wappenbildern gleichsam ein neues Alphabet, das dazu benutzt wird, die Qualität geprägter Metallstücke zu bezeichnen. Der Ursprung dieser Verwendung liegt im Orient, denn wir finden bei den Niniviten Löwen und Enten als Typen verschiedener Gewichte angewendet[1]). Die Griechen haben diese Prägbilder einzeln und verdoppelt, ganz, gehälftet und geviertelt benutzt, um die verschiedenen Gattungen der Gewichte so wie die Münzen und Theilmünzen zu kennzeichnen. So bezeichnet der Delphin die ganze, der getheilte die halbe Mine. Aehnlich wurden die Symbole der Schildkröte, der Amphora, der Sphinx, der Mondsichel, des Schildes u. s. w. benutzt[2]). Auch monströse Gestalten, die aus dem gedankenlosen Schematismus des Wappenstils hervorgegangen sind, erhalten nun ihre Bedeutung, wie z. B. die einköpfige Doppeleule auf den attischen Diobolen[3]).

Ueberall wo in der griechischen Kunst der Zweck der Decoration vorherrscht, nähert sie sich unwillkürlich dem orientalischen Formensystem. So finden wir in den Friescompositionen eine Reihe von Gruppen, welche auf der Gegenüberstellung identischer Figuren beruhen und sich schablonenmäßig wiederholen, wie die sitzenden Skythen, welche die Greife tränken und die aus einem Krater trinkenden Satyrn, die Köpfe zwischen liegenden Sphinxen, die um brennende Kandelaber gruppirten Frauen u. dergl. Denselben schematischen Charakter zeigen die gegen einander aufgerichteten Drachen an der Vorderseite von Rüstungen, die Paare von Greifen, Sphinxen und Löwen auf den Nebenseiten von Sarkophagen u. a. So tritt uns auch am Sessel des Dionysospriesters in Athen eine unverkennbare Analogie mit orientalischer Ornamentirung entgegen, an dem herabhängenden Saume der Sesseldecke, dessen ins Breite gehende Decoration dem Teppichstil angehört[4]), wie an der Rückwand in den beiden symmetrisch gestellten Silenen und in den Flügelknaben der

---

[1]) Brandis, Münzwesen Vorderasiens S. 45.

[2]) Schillbach, de ponderibus in Annali del Inst. vol. 36 p. 170.

[3]) Über die Bilderschrift auf böot. Münzen Imhoof-Blumen zur Münzkunde Böotiens S. 44. Ueber Thasos vgl. Friedlaender und v. Sallet, das K. Münzkabinet 1873 S. 84.

[4]) Vgl. Conze, Gött. gel. Anz. 1868 S. 813.

beiden Armlehnen. Gemeinsam ist die auf Wiederholung identischer Figuren beruhende Symmetrie, aber wir sehen das Gesetz mit der vollen Freiheit des griechischen Geistes behandelt.

Wie man die assyrischen Wappenthiere mit hellenischer Phantasie zu deuten suchte, zeigen die erwähnten Wappenlegenden (S. 89). Es wurde ihnen aber auch eine ganz neue Bedeutung verliehen, indem man sie zu Vertretern einheimischer Oertlichkeiten und zu Trägern örtlicher Sage machte. Wolf und Eber, in strengem Wappenstile einander gegenüber gestellt, werden Sinnbilder des Lykos und Kapros auf den Münzen von Laodikeia, wo sich die Flüsse vereinigen[1]), der bärtige Mannstier wird zum Gelas, der Hund der Mylitta zum Krimisos[2]). Das Flügelross ist seit ältester Zeit in Ninive einheimisch, aber bei den Griechen wird es zum Pegasos[3]). Ebenso sind Sphinx, Greif und Chimaira orientalische Formen von hellenischem Geiste beseelt. Die Thiere werden in mythische Vorgänge hineingezogen, in die Wandelungen des Zeus, in die Kämpfe des Herakles, Theseus, Perseus u. A. Die Gruppirung von Götter- und Thierbildern ist beibehalten, aber nicht die starre Symmetrie. Der Löwe legt sich vertraulich auf die Kniee der Kybele, die nebenstehenden Thiere fressen vom Schofse der nährenden Göttin[4]), der Hirsch hüpft dem milesischen Apollon entgegen und Artemis, anstatt die Thiere zu würgen, liebkost ihr Reh und jagt mit ihm durch die Wälder. So treten überall anmuthige und sinnvolle Beziehungen ein, wie frische Säfte, welche den erstorbenen Stamm des orientalischen Figurensystems mit Leben durchdringen und eine neue Entwickelung beginnen.

---

[1]) Streber, Numism. nonnulla Gr. p. 249. Siehe den Holzschnitt unten.
[2]) Holm, Gesch. Siciliens I S. 89.   [3]) Layard Niniveh. D. Übers. 1850 S. 422.
[4]) Vgl. die von Reifferscheid, Ann. 1863 p. 127, 1866 p. 227 besprochene Gemme der Epona auf unserer Tafel No. 17 und Conze's treffende Bemerkung Gött. Gel. Anz. 1868 S. 1418.

118

Verzeichniss der Lithographieen und Holzschnitte.

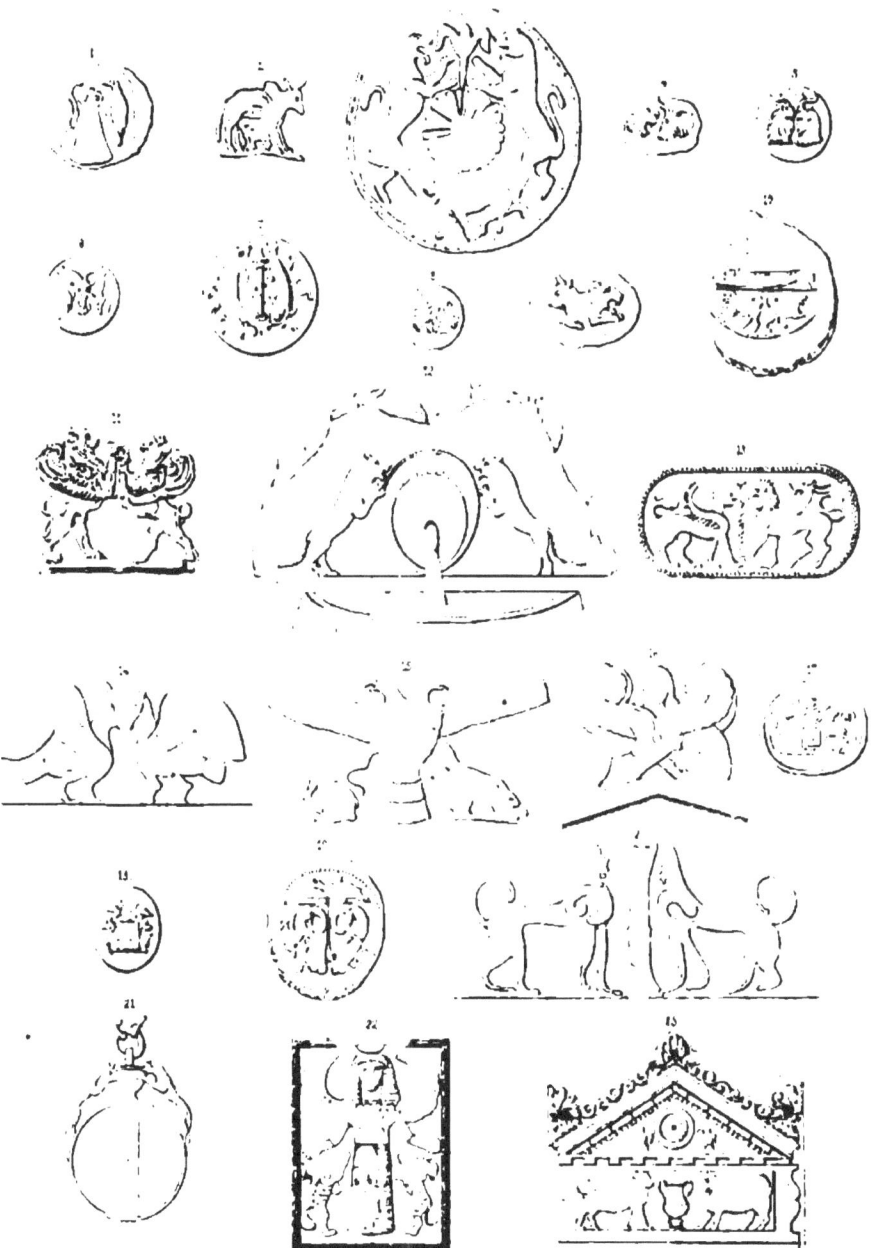

ger Goldschmucks im Münz- und Antikenkabinet zu Wien, nach Arneth die antiken Gold- und Silbermonumente T. G. I. Beschreibung S. 19. (Siehe S. 110.)

Tafel. Nr. 22. Goldplatte aus Kameiros nach Vaux Recent additions to the sculptures and antiquities of the British Museum. Transactions of the R. Society of litterature VIII New series p. 11. Fig. 7. Siehe S. 113. (Vgl. die entsprechenden Gruppen bei Vaux, Müller-Wieseler D. A. K. I T. LVII, Arch. Z. 1854. S. 177 und Salzmann Nécropole de Camiros).

23. Vorderseite eines phrygischen Felsgrabes nach Georges Perrot Galatie et Bithynie II pl. 7. (Vgl. H. Barth Reise von Trapezunt u. s. w. Ergänzungsheft der Petermannschen Mittheilungen. Gotha 1860 S. 93 ff. (Siehe S. 110.)

Eingedruckte Holzschnitte.

1. S. 111 nach einem durch Herrn Murray gütigst besorgten Siegelabdruck des im Brit. Museum befindlichen Carneols aus Ialysos. Vgl. Archaeol. Zeitung XXX. 1873. S. 104.

2. S. 117 Kupfermünze von Laodicea Phrygiae. Streber Numismata nonnulla graeca 1833 p. 249. Tab. IV, 10. Andere Münzen haben dieselben Thiere auf beide Seiten vertheilt.

120

Übersicht des Inhalts.